E. KANT

FONDEMENTS

DE LA

MÉTAPHYSIQUE DES MŒURS

HACHETTE ET Cie

ANTHOLOGIE DES POÈTES LA-
TINS (Waltz)............... » »

CÉSAR. *Commentaires* (Benoist
et Dosson)................. 2.50

CICÉRON. *Extraits des principaux Discours* (F. Ragon)... 2.50

Traités de rhétorique (Thomas). 2.50

Œuvres morales et philos.
(E. Thomas)............... » »

Choix de Lettres (Ramain)..... 2.50

De amicitia (E. Charles)...... ».75

De finibus, libri I et II (E. Charles)...................... 1.50

De legibus, liber I (Lévy)...... ».75

De natura deorum, liber II
(Thiaucourt)............... 1.50

De republica (E. Charles)...... 1.50

De senectute (E. Charles)...... ».75

De suppliciis (E. Thomas).... 1.50

De signis (E. Thomas)......... 1.50

*In M. Antonium philippica
secunda* (Gantrelle)....... » »

In Catilinam orationes quatuor
(Levaillant)............... 1.50

Orator (C. Aubert)........... » »

Pro Archia poeta (E. Thomas). ».60

Pro lege Manilia (A. Noël).... ».60

Pro Ligario (A. Noël)......... ».30

Pro Marcello (A. Noël)....... ».30

Pro Milone (P. Monet)........ ».90

Pro Murena (Galletier)....... 1.50

Somnium Scipionis (V. Cuche-
val)...................... ».50

CORNÉLIUS NÉPOS (Mongi-
not)...................... ».90

EPITOME HISTORIÆ GRÆCÆ
(J. Girard)................ 1.50

HORACE. *Œuvres* (Plessis et
Lejay).................... 2.50

De arte poetica (M. Albert)..... ».60

JOUVENCY. *Appendix de diis et
heroibus* (Edeline).......... ».70

LHOMOND. *De viris illustribus
urbis Romæ* (Duval)........ 1.50

Epitome historiæ sacra (A. Pres-
sard).................... ».75

LUCRÈCE. *De rerum natura*,
liber I (Benoist et Lantoine).. ».90

De natura rerum, liber V (Benoist et Lantoine).......... ».90

Morceaux choisis (Pichon)..... 1.50

NARRATIONES. Récits extraits
principalement de Tite-Live
(Riemann et Uri).......... 2.50

OVIDE. *Morc. choisis des Méta-
morph.* (Armengaud)....... 1.80

PHÈDRE. *Fables* (Havet)....... 1.80

PLAUTE. *La marmite (Aulu-
laria)* (Benoist)........... ».80

Morceaux choisis (Benoist)..... » »

PLINE LE JEUNE. *Choix de
lettres* (Waltz)............ 1.80

QUINTE-CURCE (Dosson)...... 2.25

QUINTILIEN. *Institutions ora-
toires, Xᵉ livre* (Dosson)...... 1.50

ROMA. Recueil de textes latins
relatifs à l'histoire romaine.
(Galletier et Hardy)........ 3 »

SALLUSTE (Lallier)........... 1.80

SELECTÆ E PROFANIS SCRIP-
TORIBUS (Leconte)......... » »

SÉNÈQUE. *De vita beata* (De-
launay)................... ».75

Lettres à Lucilius, I à XVI
(Aubé)................... ».75

Extraits des lettres et des traités
(P. Thomas).............. 1.80

TACITE. *Annales* (E. Jacob).. 2.50

Annales, liv. I, II et III (E. Jacob)..................... 2.50

Dialogues des orateurs (Goelzer). » »

Germanie (La) (Goelzer)...... » »

Histoires, livres I et II (Goelzer). 1.80

Vie d'Agricola (E. Jacob)..... ».75

TÉRENCE. *Adelphes* (Psichari
et Benoist)................ ».80

THÉATRE LATIN (Romain).... 2.50

TITE-LIVE. *Livres XXI et XXII*
(Riemann et Benoist)....... 2.50

Livres XXIII, XXIV et XXV
(Riemann et Benoist)....... 2.50

Livres XXVI à XXX (Riemann
et Homolle)............... 3 »

VIRGILE. *Œuvres* (Benoist).... 2.25

LIBRAIRIE HACHETTE & Cie, PARIS

⊞ Classiques Grecs ⊞

NOUVELLE COLLECTION A L'USAGE DES ÉLÈVES. FORMAT PETIT IN-16 CARTONNÉ

ARISTOPHANE et MENANDRE. *Extraits* (Bodin et Mazon), édition couronnée par l'Institut. . . . 2.50

ARISTOTE. *Morale à Nicomaque*, 8e liv. (Lucien Lévy). . . . 1 »

Morale à Nicomaque, 10e liv. (Hannequin) 1.50

Poétique (Egger) . . . . 1 »

BABRIUS. *Fables* (A.-M. Desrousseaux) 1.50

DÉMOSTHÈNE. *Discours de la Couronne* (Weil) 4.25

Les trois Olynthiennes (Weil) . . 0.60

Les quatre Philippiques (Weil). 1 »

Sept Philippiques (Weil) 1.50

DENYS D'HALICARNASSE. *Première lettre à Ammée* (Weil). 0.60

ÉLIEN. *Morceaux choisis* (J. Lemaire) 1.10

ÉPICTÈTE. *Manuel* (Thurot). . 1 »

ESCHYLE. *Morc. ch.* (Weil). . . 1.60

Prométhée enchaîné (Weil). . . . . 1 »

Les Perses (Weil) . . . . 1 »

ÉSOPE. *Fables* (Allègre) . . . . . . 1 »

EURIPIDE. *Théâtre* (Weil), chaque tragédie . . . . 1 »

Morceaux choisis (Weil) . . . . . . 2 »

EXTRAITS DES ORATEURS ATTIQUES (Bodin) 2.50

HÉRODOT. *Morceaux choisis* (Tournier et Desrousseaux). . . 2 »

HOMÈRE. *Iliade* (A. Pierron). . 3.50

Iliade, les chants I, II, VI, IX, X, XVIII, XXII, XXIV, sép. . . 0.25

Odyssée (A. Pierron) 3.50

Odyssée, les chants I, II, VI, XI, XII, XXII, XXIII, sép. 0.25

LUCIEN. *De la manière d'écrire l'Histoire* (A. Lehugeur). . . . 0.75

Dialogues des Morts (Tournier et Desrousseaux) 1.50

LUCIEN (Suite). *Le Songe ou le Coq* (Desrousseaux) . . . . 1 »

Morceaux choisis des Dialogues des Morts, des Dieux, etc. (Tournier et Desrousseaux). . . 2 »

Extraits [Timon d'Athènes, etc.] (V. Glachant) 1.80

PLATON. *Criton* (Ch. Waddington) 0.50

République, VIe, VIIe, VIIIe livres (Aubé), chacun 1.50

Ion (Mertz) 0.75

Ménexène (J. Luchaire) 0.75

Phédon (Couvreur) 1.50

Morceaux choisis (Poyard) . . . . 2 »

Extraits (Dalmeyda) 2.50

PLUTARQUE. *Vie de Cicéron* (Graux) 1.50

Vie de Démosthène (Graux) . . . . 1 »

Vie de Périclès (Jacob) 1.50

Morceaux choisis des biograph. (Talbot). 2 vol. : les Grecs illustres, 1 vol. 2 fr.; les Romains illustres, 1 vol. . . . . 2 »

Morceaux choisis des Œuvres morales (V. Bétolaud) . . . . 2 »

Extraits suivis des vies parallèles (Bessières) . . . . 2 »

SOPHOCLE. *Théâtre* (Tournier). Chaque tragédie . . . . 1 »

Morceaux choisis (Tournier) . . . . 2 »

THUCYDIDE. *Morceaux choisis* (Croiset) . . . . 2 »

XÉNOPHON. *Anabase*, 7 livres (Couvreur) . . . . 3 »

Économique (Graux et Jacob). . 1.50

Extraits de la Cyropédie (J. Petitjean) 1.50

Mémorables, livre I (Lebègue). 1 »

Extraits des Mémorables (Jacob) 1.50

Morceaux choisis (de Parnajon). 2 »

FONDEMENTS

DE LA

MÉTAPHYSIQUE DES MŒURS

A LA MÊME LIBRAIRIE

Leibnitz : *La Monadologie*, publiée d'après les manuscrits de la Bibliothèque de Hanovre, avec introduction, notes et suppléments, par M. H. Lachelier. Petit in-16, cart. 1 fr. »

—— *Nouveaux essais sur l'entendement humain*, avant-propos et livre Ier, publiés d'après les meilleurs manuscrits, avec une introduction, des notes et un appendice par M. H. Lachelier. Un vol. petit in-16, cart. . . . . 1 fr. 75

E. KANT

FONDEMENTS

DE LA

MÉTAPHYSIQUE DES MŒURS

TRADUCTION NOUVELLE

AVEC UNE INTRODUCTION ET DES NOTES

PAR

H. LACHELIER

Professeur de Philosophie au lycée Condorcet

TROISIÈME ÉDITION REVUE

PARIS

LIBRAIRIE HACHETTE ET Cie

79, BOULEVARD SAINT-GERMAIN, 79

1915

INTRODUCTION

AVANT-PROPOS

Nous avons cru devoir conserver à l'ouvrage que nous publions le titre sous lequel il est connu depuis longtemps en France, bien que les mots *Fondements de la Métaphysique des mœurs* ne traduisent pas exactement l'allemand *Grundlegung zur Metaphysik der Sitten*. *Grundlegung* signifie l'action d'établir le fondement. On pourrait dire : *Établissement d'un fondement pour la Métaphysique des mœurs* ; mais l'avantage de cette correction ne paraît pas assez grand pour substituer un titre nouveau, un peu long et un peu lourd, à celui auquel nous sommes accoutumés depuis un demi-siècle.

Les Fondements de la Métaphysique des mœurs, qui parurent pour la première fois en 1785 à Riga, sont le premier ouvrage dans lequel Kant ait exposé la morale de l'Impératif catégorique. On peut ajouter que, de tous les ouvrages que Kant a consacrés à la morale, c'est celui qui donne l'idée la plus nette du principe nouveau sur lequel il fonde la science des mœurs et surtout de la méthode qu'il suit pour déterminer ce principe. La *Critique de la Raison pratique*, qui parut en 1788, bien qu'elle tende, elle aussi, à établir l'existence d'une loi morale suprême, semble avoir pour objet principal de démontrer, par le devoir, la liberté d'abord, puis, l'existence de Dieu et l'immortalité de l'âme. Quant à la *Métaphysique des mœurs*, dont le présent ouvrage établit les fondements, et qui parut en 1797, c'est une théorie du Droit et de la Vertu, dans laquelle Kant déduit du principe suprême de la moralité les concepts qui doivent diriger notre conduite, mais sans revenir sur la question de l'origine et de la valeur de ce principe. C'est une morale appliquée plutôt que théorique. En résumé c'est dans les *Fondements de la Métaphysique des mœurs* que se trouvent exposées les idées maîtresses de la morale kantienne; c'est ce qui fait l'importance de cet ouvrage et c'est la raison pour laquelle il a semblé utile d'en publier une traduction nouvelle, celle de Barni étant épuisée et ne paraissant pas devoir jamais être réimprimée.

Le texte qui passe pour le meilleur est celui de la quatrième édition publiée du vivant de Kant en 1797. C'est celui qu'ont reproduit les éditions de Rosenkranz (1838-42) de Hartenstein (1838-39) et enfin l'édition populaire plus récente de Kirchmann. C'est celui que nous avons suivi, bien qu'il nous paraisse contenir quelques fautes que nous signalerons chemin faisant, à mesure qu'elles se présenteront.

I

VIE DE KANT

Le nom de Kant est d'origine écossaise; il s'écrivait par un C (*Cant*) et c'est notre philosophe qui substitua au C le K qui, en allemand, correspondait mieux à la prononciation de son nom. Immanuel Kant était le quatrième enfant de Jean Georges Kant, sellier à Kœnigsberg, et d'Anna Regina Reuter. Il naquit le 22 avril 1724. Le jeune Kant reçut dans sa famille une éducation essentiellement religieuse dans l'esprit du piétisme protestant. On appelait ainsi une forme du protestantisme dans laquelle l'esprit de discussion et de critique devait céder le pas à la piété. C'était par le cœur plutôt que par la raison qu'il fallait interpréter l'écriture. Le piétisme impliquait en outre, dans la vie de tous les jours, une sévérité de mœurs et une austérité toutes particulières. Cette éducation, qui fut surtout l'œuvre de la mère de Kant, paraît avoir exercé sur le jeune homme une influence durable, bien que le philosophe, fort peu mystique de sa nature, ne soit pas resté absolument fidèle aux idées religieuses de ses parents. Elle fut complétée d'ailleurs au *Collegium Fredericianum* où Kant fit ses études secondaires jusqu'en 1740, par le directeur de ce gymnase, le pasteur Franz Albert Schulz, qui était un des plus fervents apôtres du piétisme.

De 1740 à 1746, Kant suivit comme étudiant les cours de l'université de sa ville natale, s'occupant tout particulièrement de Philosophie, de Mathématiques et de Théologie. Là encore il eut pour maître le pasteur Schulz, qui était professeur ordinaire de Théologie à l'université.

De 1746 à 1755, il remplit les fonctions de précepteur dans trois familles différentes, aux environs de Kœnigsberg.

Il passa ensuite à Kœnigsberg l'examen appelé en Allemagne *Habilitation*, qui ouvre les portes de l'enseignement académique; il commença la série de ses cours à l'automne de 1755. Il continua à enseigner jusqu'en 1797, d'abord comme *Docent* et ensuite, à partir de 1770, comme professeur ordinaire. Il prit sa retraite après le semestre d'été de 1797 et mourut le 12 février 1804.

La vie de Kant ne paraît pas avoir présenté d'événement qui soit digne d'être noté. Il ne se maria pas[1] et vécut uniquement pour la philosophie et pour la science. Nous disons à dessein pour la science, car son enseignement et ses écrits ne furent pas seulement philosophiques. Il fit au début de sa carrière des cours de Mathématiques et de Physique, auxquels il ajouta même en 1760 un cours de Géographie physique. L'ouvrage scientifique le plus important que Kant ait publié est l'*Histoire naturelle générale et théorie du ciel* (1755) dans laquelle, avant Laplace, il fait dériver le système solaire d'une nébuleuse, suivant les lois de la gravitation[2]. Il est vrai qu'à partir de la publication de la *Critique de la Raison pure* les préoccupations philosophiques l'emportèrent définitivement chez lui.

Les traits essentiels du caractère de Kant paraissent avoir été, avec une certaine austérité protestante, reste de son éducation piétiste, un profond sentiment du devoir, une parfaite loyauté dans ses relations avec ses collègues et ses amis, une horreur naturelle et comme instinctive de la duplicité et du mensonge[3]. Ce fut avant tout un homme de principes, vivant par la raison plus que par le sentiment et sa morale est certainement l'expression fidèle de son caractère. On a beaucoup parlé, et non sans ironie, de la régularité de sa vie, de ses repas pris toujours exactement à la même heure et durant toujours le même temps, de ses promenades solitaires, toujours au même endroit, si régulières que les habitants de Kœnigsberg pressentaient quelque événement extraordinaire

---

1. Il y pensa deux fois, mais réfléchit trop longtemps et ne se décida pas.

2. Cet ouvrage a pourtant un objet philosophique : Conciliation du mécanisme avec la téléologie.

3. Son mépris pour le mensonge éclate surtout dans la *Métaphysique des mœurs*. Il est sur ce point d'une rigueur absolue ne permettant pas le mensonge par politesse, défendant même celui qui a pour motif un sentiment de charité.

quand par hasard elles n'avaient pas lieu. Cette vie était en
harmonie avec son esprit méthodique, mais on se tromperait
fort si l'on concluait de ces faits que Kant eût été une sorte
de maniaque et de misanthrope. Bien au contraire il aimait
la société des hommes; son plus grand plaisir était celui de
la conversation et ses amis le recherchaient pour sa bonne
humeur, son esprit et même son enjouement.

Au point de vue politique ses tendances libérales, parfaitement d'accord avec sa doctrine de la valeur absolue de la
personne humaine, doivent être notées. Bien qu'il n'ait jamais
été mêlé à la politique active, il s'intéressa toujours vivement,
aux grands événements de son temps. Il admirait profondément Rousseau; il fut avec les révolutionnaires français
contre la monarchie absolue; il avait été auparavant avec
les Américains contre les Anglais dans la guerre de l'indépendance.

Nous allons faire connaître maintenant les principaux
ouvrages de Kant, en nous limitant à la période dite critique.
Kant, en effet, suivit d'abord la philosophie dogmatique d'in-
spiration Leibnitienne que Wolff avait répandue en Allemagne.
Vers 1762, sous l'influence de Hume, il inclina vers l'empirisme
et c'est seulement à partir de 1770 qu'il commença à élaborer
la philosophie critique qui devait être sa véritable philosophie.
Ce fut, d'après son propre témoignage, Hume lui-même, qui le
« réveilla du sommeil dogmatique » et qui l'amena à chercher
un système qui permît de concilier l'empirisme sceptique de
Hume avec le rationalisme dogmatique de Leibniz et de
Wolff.

II

ÉCRITS DE KANT

Le premier écrit de la période critique est un ouvrage en latin, intitulé : *De mundi sensibilis atque intelligibilis forma et principiis*, 1770. L'idée maîtresse de la *Critique*, c'est-à-dire la conception d'une forme imposée par l'esprit à une matière fournie par l'expérience sensible y est indiquée pour la première fois.

La *Critique de la Raison pure*, fruit de douze années de méditation, parut en 1781. Une seconde édition, assez différente de la première et qui est celle que nous connaissons généralement, fut publiée en 1787.

Vinrent ensuite :

En 1783, *Les Prolégomènes à toute Métaphysique future*.
En 1785, *Les Fondements de la Métaphysique des mœurs*.
En 1788, *La Critique de la Raison pratique*.
En 1790, *La Critique du jugement*.
En 1794 *La Religion dans les limites de la pure raison*.
En 1797, *Les Principes métaphysiques du Droit* et les *Principes métaphysiques de la Doctrine de la Vertu*; les deux ouvrages portent le titre commun de *Métaphysique des mœurs*.
En 1798, *L'Anthropologie*.

III

LA MORALE DE KANT

1° Les résultats de la Critique de la Raison pure. —
Ne pouvant, dans cette courte introduction, exposer dans son
entier la philosophie critique de Kant, nous nous bornerons
à rappeler les résultats généraux de la *Critique de la Raison
pure*. Kant a établi dans son ouvrage capital :

1° Que le monde que nous connaissons, c'est-à-dire le
monde extérieur ou nature et le monde intérieur de notre
conscience, ne sont que des systèmes de *phénomènes*, c'est-
à-dire des choses qui nous apparaissent et non pas des choses
qui existent en elles-mêmes (*choses en soi*).

2° Que les *Formes*, grâce auxquelles ces phénomènes
deviennent représentables, c'est-à-dire l'Espace et le Temps,
ont leur origine en nous-mêmes et que c'est l'esprit qui les
impose à la matière fournie par les sens.

3° Que les lois (*Catégories*), grâce auxquelles ces phénomènes, après avoir été rendus représentables, deviennent pen-
sables, la loi de causalité par exemple, ont également leur
origine *a priori* dans notre esprit. C'est notre *entendement*
(*Verstand*) qui contraint les phénomènes, qui se succèdent
dans le temps, à se plier à l'ordre régulier de la causalité.
C'est grâce à ces lois qu'il est possible d'exprimer les relations
des phénomènes dans des vérités universelles et nécessaires.

4° Enfin, après avoir établi de cette manière la possibilité
d'une science des phénomènes, Kant démontre dans la partie
la plus importante de la *Critique*, la *Dialectique transcendantale*, l'impossibilité d'une connaissance dogmatique de ce
qui n'est pas phénomène. La *raison* (*Vernunft*), afin de pousser
jusqu'au bout l'explication du monde des phénomènes, se
forme des idées dans lesquelles elle croit exprimer des réalités transcendantes auxquelles les phénomènes seraient pour

ainsi dire suspendus. Mais d'abord nous n'avons aucune intuition de ces réalités, puisque l'intuition, soumise aux formes d'Espace et de Temps, ne peut nous donner que des phénomènes. D'autre part la Dialectique prouve qu'il nous est impossible d'atteindre ces choses par le raisonnement. Si nous voulons, par le raisonnement, nous élever de l'unité, loi de la pensée, à l'unité, caractère de la substance même de notre être, nous commettons un *Paralogisme*. Si nous voulons attribuer une réalité absolue aux choses étendues et successives dont l'ensemble constitue pour nous la nature et en faire des choses en soi, nous tombons dans les contradictions des *Antinomies*. Enfin le seul argument par lequel on puisse vraiment démontrer l'existence de l'Être nécessaire et parfait, l'argument *Ontologique*, est un simple sophisme.

Mais de ce que le monde de l'être ne peut être connu ni par l'intuition ni par le raisonnement, il ne faut pas conclure que les *Idées* que la raison se forme des réalités transcendantes, Âme, Monde et Dieu, soient de pures et simples illusions. L'idée d'un moi indivisible et incorruptible, l'idée d'un substrat des phénomènes étendus, l'idée d'un Dieu parfait existant par lui-même peuvent avoir, en dehors de l'expérience possible, des objets réels. La *Critique* établit seulement que nous ne pouvons pas nous figurer ces objets, ni en prouver scientifiquement l'existence, mais il est parfaitement légitime d'y croire. Par cela seul que le monde (extérieur et intérieur) n'est qu'une collection de phénomènes, nous pouvons être assurés, comme Kant l'affirmera à la fin des *Fondements*, que l'univers sensible, empirique, n'est pas le tout du tout et qu'une réalité mystérieuse se dissimule derrière ces apparences. Il n'y a donc aucune absurdité à croire que nous sommes, par exemple, par le fond, par l'essence de notre personne, des êtres libres et immortels gouvernés par un Être parfait. Il y a plus : cette croyance n'est raisonnable, elle n'est même possible que si l'on admet le caractère phénoménal du monde que nous connaissons par les sens. Si le monde des phénomènes étendus et successifs était un monde de choses en soi, il ne serait pas possible, en face de ce monde, d'en poser un autre aussi réel que le premier, mais en différant d'une manière absolue; et c'est alors que l'idée de liberté, identique au fond, nous le verrons, à celle de moralité, l'idée de la vie éternelle, celle de l'être parfait risque

raient d'être sans objet. On peut donc dire que la *Critique.
de la Raison pure* a pour but de légitimer des croyances
religieuses et morales que le dogmatisme vulgaire compro-
mettait d'une manière irrémédiable. C'est ce qui ressort de
nombreux passages et tout particulièrement de quelques-unes
des dernières pages de cette *Méthodologie transcendantale*
qui termine la *Critique*. Kant y parle de la possibilité et
même de la nécessité de ce qu'il appelle une *foi morale* à
l'existence de Dieu et à l'immortalité. Une telle conviction,
dit-il, n'est pas une certitude logique, la *Dialectique* l'a
prouvé, mais c'est une certitude morale et cette certitude se
fonde avant tout sur le sentiment même du devoir, que nous
avons tous, ce même sentiment dont Kant partira dans les
Fondements. Bref la *Critique de la Raison pure* a détruit
la science pour laisser place à la croyance et c'est à la
position du problème moral et religieux qu'elle aboutit.
C'est à la morale qu'il appartiendra de donner une valeur
objective à ces idées que la raison concevait sans pouvoir
en démontrer la réalité.

2° Le problème moral et les anciennes solutions qui en ont été données.

— La question à laquelle répond tout
système de morale peut être formulée très simplement de la
manière suivante : Qu'est-ce qu'une bonne volonté? Or à cette
question deux réponses ont été faites dès l'antiquité : 1° La
bonne volonté est la volonté qui cherche le plaisir ou le
bonheur; 2° la bonne volonté est la volonté qui s'efforce de
réaliser en nous l'humanité parfaite, achevée.

Contre la première de ces réponses, Kant dirige toute une
série d'arguments qui sont devenus classiques et que la
philosophie spiritualiste s'est appropriés, pour défendre une
thèse, d'ailleurs différente de celle de Kant.

De ces arguments, celui auquel Kant semble attacher le
plus d'importance est un argument fondé sur l'idée de finalité. Le principe de finalité exige que toutes nos facultés,
comme tous nos organes, aient une raison d'être, une fin. Or
la raison, qui caractérise l'homme, n'a pu lui être donnée
pour résoudre le problème du bonheur, car elle y réussit
infiniment moins bien que l'instinct animal. Si donc l'homme
participe à la raison, c'est que sa destinée n'est pas de se
procurer ici-bas la plus grande somme de satisfaction pos-

sible; car, dans cette hypothèse, la raison serait pour lui une faculté inutile et même dangereuse.

En second lieu la loi qui commande la recherche du bonheur est incapable de prescrire des règles universelles, valables pour toutes les volontés, car les conditions du bonheur varient à l'infini suivant les circonstances et suivant les individus. Or il semble évident à Kant que la loi qui détermine la volonté d'une personne raisonnable doit être une loi universelle.

En tous cas le principe de l'amour de soi, qui domine toute la morale du bonheur, ne peut fournir des règles impératives, il ne peut conduire qu'à des conseils pratiques. Une morale de l'intérêt est donc une morale sans obligation, ce que Kant considère comme une absurdité.

Ces conseils, d'autre part, seraient toujours vagues et difficiles à suivre, car « ce qui peut nous procurer un avantage vrai et durable est toujours enveloppé d'une impénétrable obscurité ». Or la loi morale, qui s'impose également à tous, doit avant toutes choses être claire.

D'ailleurs, le principe de l'amour de soi entraîne à des conséquences qui révoltent la conscience naïve de l'humanité : On pourrait en effet se justifier d'un faux témoignage en alléguant la nécessité de travailler avant tout à ses intérêts; et de plus il est incapable d'expliquer les sentiments les plus forts de cette même conscience, comme le mépris que nous inspire une déloyauté qui a réussi. Celui qui a triché au jeu et qui a gagné par ce moyen devrait se féliciter de son adresse; or, il se dit : je suis un misérable.

Enfin les idées de mérite et de démérite perdent toute espèce de sens. Les punitions et les récompenses deviennent absurdes, car quoi de plus absurde que d'être puni pour avoir été malheureux et récompensé pour avoir su se rendre heureux?

L'autre système de morale, celui que la philosophie ancienne avec Aristote et les Stoïciens, la philosophie moderne, avec Wolff, opposent au système du bonheur, c'est la morale dite de la *perfection*. Mais la morale de la perfection, si on l'examine de près, n'est qu'une forme raffinée de la morale de l'intérêt. Qu'est-ce en effet que la perfection sinon le plein développement de l'être qui suffit à toutes ses fins? Or atteindre ses fins, s'épanouir pleinement, n'est-ce pas l'intérêt suprême de l'être et n'est-ce pas le but vers lequel toutes les tendances de notre nature nous inclinent? La preuve en est que le bonheur est indissolublement lié à cet achèvement de notre personnalité. Les anciens d'ailleurs ne s'y sont guère trompés et leur morale n'a jamais cessé d'être une morale eudémonique. Il n'y a donc pas de différence radicale entre la morale de la perfection et la morale du bonheur. Ces deux morales sont également fondées sur le principe de l'amour de soi, et par là même, incapables de fournir à l'être raisonnable une loi pratique digne de lui.

Il reste bien un troisième système, auquel se sont ralliés un certain nombre de philosophes modernes, comme *Hutcheson*, c'est celui qui consiste à admettre, à la place de la raison, un certain sens particulier qui déterminerait la loi morale et, par le moyen duquel, la conscience de la vertu serait immédiatement liée au contentement et au plaisir; celle du vice, au trouble de l'âme et à la douleur. Mais ce n'est pas en réalité un système nouveau, apportant au problème moral une solution nouvelle, car il faut démontrer que ce *sens moral* est bon et, pour le démontrer, il faut évidemment partir d'un principe autre que le sens moral lui-même. Ce principe pourra être le principe de l'amour de soi ou encore celui de la perfection; mais en aucun cas une morale du sentiment ne saurait se suffire à elle-même[1].

3° **La morale du Devoir pur : l'Impératif catégorique.** — Si la fin que doit poursuivre la volonté d'un être raisonnable ne peut être ni le bonheur ni la perfection, si ce n'est aucun objet capable d'éveiller en nous une inclination et de nous causer un plaisir, il ne reste plus qu'un parti à prendre pour découvrir la loi de cette volonté, c'est de la chercher, non plus dans le monde sensible, mais dans ce monde intelligible auquel la *Critique de la Raison pure* a montré que nous pouvions appartenir par le fond même de notre personnalité. Cette même faculté qui, dépassant les limites de l'entendement, essaye de s'élever à la connaissance du principe transcendant de l'intelligibilité de l'univers, la Raison, pourra aussi

1. Voir, pour toute cette critique des systèmes, la *Critique de la Raison pratique*, Part. I, liv. I, chap. I, Barni, p. 188 et suiv. Picavet, p. 58 et suiv.

concevoir une loi suprême, dont l'origine n'est pas dans le monde sensible et l'imposer à la volonté.

Il faut ici, pour comprendre Kant, nous détacher des idées auxquelles notre éducation nous a presque tous habitués et d'après lesquelles le bien consiste à poursuivre certaines fins auxquelles nous attribuons une valeur plus ou moins absolue tout en les désirant. Toutes les morales qui font dériver la loi d'une fin désirable et flattant plus ou moins notre amour-propre, fin dont l'idée est empruntée à la nature, sont, nous l'avons vu, des morales utilitaires. Pour échapper à l'utilitarisme, il faut résolument sortir de la nature, où règne à peu près sans partage le principe de l'amour de soi et plier notre volonté à une loi qui ne se rapporte à rien de ce que nous pouvons imaginer et n'ait rien de commun avec les lois de la nature. Cette loi peut être la loi de l'être noumène apparaissant à l'être phénomène et nous pouvons penser que la loi à laquelle le noumène obéit sans efforts, lorsqu'elle apparaît à l'être empirique, soumis à la législation de la nature, entre en conflit avec les penchants de cette nature et prend alors la forme d'un commandement auquel nous devons obéir, bien que nous soyons tentés de le transgresser. Mais quelle que soit son origine, il faut obéir à l'ordre que nous donne la raison et c'est en cela que consiste la bonne volonté.

Un ordre peut s'appeler un *Impératif*. Un impératif est *catégorique* quand il commande sans conditions, sans pourquoi ni parce que. Par exemple : ne mens pas, aide les malheureux. Il est *hypothétique* au contraire quand ses prescriptions sont subordonnées à quelque condition, à quelque *hypothèse*. Si tu veux conserver ta réputation, être aimé, en un mot être heureux, ne mens pas, aide les malheureux. Or la loi morale ne peut être qu'un impératif sans conditions; en effet, si l'on demande pourquoi il faut être sincère et charitable, il est impossible de répondre à cette question sans considérer les conséquences que la sincérité ou la fausseté, la charité ou l'égoïsme peuvent entraîner dans le monde sensible. L'impératif est dès lors subordonné à des conditions empiriques, et par conséquent au principe de l'amour de soi que Kant a rejeté. C'est donc l'*Impératif catégorique* qui est l'expression vraie de la loi morale. La bonne volonté est par conséquent celle qui obéit à la loi par respect pour la loi, c'est-à-dire à l'impératif catégorique.

Cette volonté sera d'autant plus pure qu'elle sera plus complètement affranchie de tous les mobiles de la nature sensible, non seulement des inclinations égoïstes, mais même des inclinations altruistes bienveillantes et charitables. La volonté d'aider les malheureux par sympathie et par pitié n'est pas immorale sans doute, mais elle n'a pas de valeur morale parce qu'elle est subordonnée aux fins de la nature. Supposez au contraire que l'adversité ait détruit en moi tout penchant sympathique et que je porte secours aux malheureux pour cette seule raison que mon devoir est de les aider, ma volonté, dès lors affranchie de la nature sensible, aura un caractère moral. En somme la vertu est à ce prix : émanciper la volonté de toute influence affective naturelle et la mettre sous l'autorité d'une loi qui n'ait rien de commun avec les lois de la nature.

Mais cette loi, demandera le lecteur de la *Critique de la Raison pure*, comment peut-elle m'apparaître puisque notre connaissance est limitée au monde des phénomènes? Comment puis-je concevoir pour ma volonté une loi différente des lois de ma nature psychologique, une loi qui tombe pour ainsi dire du ciel et qui ne ressemble en rien à celles de ce monde? Il nous faut, pour répondre à cette question, revenir à la *Critique de la Raison pure* et nous efforcer de préciser l'idée du rôle que joue la raison, faculté des Idées, dans l'interprétation de la nature. L'entendement, avons-nous dit, se borne à relier les phénomènes entre eux par des règles, par exemple *a* est la cause de *b* et *b* est la cause de *c*. La raison, elle, s'efforce d'embrasser dans son ensemble la totalité des phénomènes et d'en faire un système limité et un. Ainsi c'est pour ramener les phénomènes de la nature à un tel système, qu'elle s'efforce de concevoir un commencement absolu de la série des phénomènes et l'action d'une cause libre déterminant l'apparition du premier phénomène. C'est pour systématiser notre vie intérieure qu'elle forme l'idée d'un moi simple et incorruptible. C'est enfin pour unifier l'univers dans son ensemble qu'elle s'élève au concept d'un Être nécessaire et parfait, d'un Dieu créateur et souverain du monde. En s'efforçant d'établir au moyen de ses idées l'unité des choses, la raison obéit à une sorte d'obligation logique; il est vrai qu'elle ne réussit pas dans cette entreprise, parce que les phénomènes, à cause du Temps et de l'Espace qui en sont les formes nécessaires, ne se prêtent pas à cette systématisation, mais il n'en est pas moins vrai que ces idées d'unité peuvent correspondre à quelque chose. L'unité que la raison prescrit et dont elle voudrait imposer la forme à la nature, peut être quelque chose de réel en dehors du monde des phénomènes, bien qu'il soit impossible de le démontrer. Or, cela posé, il est tout naturel que cette même raison (car la raison pratique ne diffère pas au fond de la raison théorique[1]) se sente obligée d'imposer cette même forme d'unité, non plus seulement aux phénomènes de la nature, mais aux actions volontaires, de manière à les réduire elles aussi à une sorte de système; et c'est justement ce qu'elle fait au moyen de l'impératif catégorique, qui n'est autre chose, nous allons le voir dans quelques instants, qu'une loi d'unité. Et de même que les idées de la raison spéculative sont l'expression d'une réalité nouménale, qui nous échappe, de même l'impératif correspond à la loi mystérieuse qui régit l'être absolu.

En résumé, si nous étions seulement des *Entendements*, nous nous contenterions de relier les phénomènes entre eux par les catégories, nous fonderions ainsi la science de la nature et cette science nous suffirait. Nous ne nous poserions même pas la question de savoir d'où vient le monde et s'il peut former dans son ensemble une unité intelligible. De même, au point de vue pratique, nous nous contenterions de la connaissance empirique des lois psychologiques de la volonté et nous ne concevrions pas d'autre but de notre activité que de nous procurer, grâce à la connaissance de ces lois, la plus grande somme de bonheur possible sans nous demander si notre conduite s'accorde bien avec elle-même. Mais nous sommes doués de *Raison* et, à ce titre, nous voulons établir une parfaite unité à la fois dans le domaine de la nature physique et dans le domaine moral de notre activité, et c'est pour y parvenir que nous concevons d'un côté les idées transcendantes de la raison spéculative et de l'autre l'impératif de la raison pratique.

Le point le plus difficile et en même temps le plus impor-

----

1. Kant le dit expressément dans la préface et la 3ᵉ section des *Fondements*.

tant, pour fonder une morale solide, sera d'établir que cet impératif n'est pas une illusion et qu'il exprime une loi réelle. C'est ce que Kant essaiera de faire dans la troisième section des *Fondements* et dans la *Critique de la Raison pratique*. Nous y arriverons tout à l'heure.

4° Les trois formules de l'impératif catégorique ; l'Autonomie de la volonté. — Avant d'aborder cette légitimation, nous supposerons provisoirement que l'impératif catégorique exprime une loi véritable, et ce qui peut nous y autoriser c'est le témoignage de la conscience naïve et populaire qui est convaincue que le bien moral consiste à obéir à une loi qui n'a pas d'objet empirique. L'homme que nous estimons tous n'est-il pas celui que nous savons capable de faire son devoir pour cette simple raison que le devoir est le devoir ? Supposons donc la réalité de la loi de l'impératif catégorique et tâchons de découvrir ce que cette loi peut ordonner. Naturellement, pour remplir cette nouvelle tâche, il faudra détourner nos yeux de la nature empirique, qui ne peut rien nous apprendre du devoir et nous efforcer de donner une matière à l'impératif catégorique, sans faire autre chose que d'analyser et de développer logiquement ce concept d'impératif.

a. La première formule. — Demandons-nous d'abord de quelle nature peut être cette loi. Comme on ne peut la déterminer par aucun objet, il faut la déterminer par sa forme. Or cette forme ne peut être que la légitimité universelle de l'action. La loi de la volonté intelligible ne peut être variable comme les lois de la volonté sensible, car dans le monde intelligible on ne peut plus concevoir cette diversité qui est le caractère des phénomènes soumis aux formes de Temps et d'Espace, l'unité est la loi des purs noumènes. Dès que je conçois un impératif catégorique, dit Kant, je sais aussitôt ce qu'il contient. Car l'impératif ne contenant, outre la loi, que la nécessité de se conformer à cette loi et cette loi n'étant subordonnée à aucune condition qui la limite, il ne reste plus que l'universalité de cette loi. » D'où la première formule de l'impératif catégorique : *Agis comme si la maxime de ton action devait par ta volonté être érigée en loi universelle.* Le caractère d'une loi à vrai dire nouménale étant l'universalité, le seul moyen que nous ayons de faire régner cette loi dans le monde des phénomènes est d'imposer à notre volonté sensible la forme de l'universalité. Il faut donc, avant d'agir, examiner si la maxime, c'est-à-dire la règle subjective d'après laquelle nous nous proposons d'agir, est susceptible de se transformer sans contradiction en loi universelle valable pour toute volonté raisonnable. Ainsi l'homme qui, ayant besoin d'argent et voulant trouver un prêteur, promet de rendre, bien qu'il sache qu'il ne pourra pas tenir parole, agit d'après la maxime suivante : « Je peux au moyen de fausses promesses me procurer l'argent dont j'ai besoin. » Or cette maxime ne peut, sans se détruire elle-même, se transformer en loi universelle de la volonté, car elle contiendrait alors une contradiction, puisqu'elle rendrait impossible l'objet même qu'elle poursuit. En effet, tout le monde faisant des promesses trompeuses et par suite personne n'y croyant plus, aucune promesse ne pourrait plus être faite utilement. En résumé, l'impossibilité d'universaliser une maxime, sans la détruire par là même, est la preuve certaine que cette maxime exprime quelque désir subjectif et non la loi absolue de la pure volonté.

b. *La seconde formule.* — Nous savons que la loi de la volonté raisonnable ne peut se rapporter à aucun objet sensible; il faut pourtant qu'une volonté ait un objet, car on ne peut vouloir à vide. Mais le seul objet que l'on puisse assigner à une volonté affranchie de tout lien avec la nature empirique doit être une chose qui ne soit pas moyen sensible pour atteindre une fin sensible, mais qui soit en elle-même fin absolue. Or il existe une fin absolue susceptible de devenir l'objet de toute volonté raisonnable, cette fin c'est la personne même de l'homme, non la personne empirique, mais la personne raisonnable, celle-là justement qui a la faculté de concevoir des idées et entre autres l'idée de la liberté et celle du devoir. Transportons-nous un instant par la pensée dans le monde intelligible, monde des purs noumènes, et demandons-nous ce que peut vouloir la volonté d'un être nouménal : rien d'autre évidemment que le respect de la volonté nouménale elle-même. Tâchons donc de vouloir la même chose dans le monde phénoménal et, pour ce faire, considérons comme la fin de toutes nos volitions la personne humaine dans ce qu'elle a de non empirique. C'est ainsi que Kant est amené à donner de l'impératif catégorique une seconde formule qui fournit un objet et comme une matière à cet impératif : *Agis de manière à traiter toujours l'humanité, soit dans ta personne, soit dans la personne d'autrui comme une fin et à ne l'en servir jamais comme d'un moyen.* C'est-à-dire respecte comme ayant la valeur d'une fin absolue la personne raisonnable aussi bien en toi-même que chez les autres. C'est de cette manière qu'il deviendra possible de réaliser ici-bas dans nos sociétés temporelles une sorte d'image du règne des volontés pures, de ce *Règne des fins*, comme dit Kant, où les volontés se traitent les unes les autres comme fins en soi. Ainsi tous les devoirs que la conscience nous prescrit à l'égard des personnes se comprendront de la manière la plus simple. En trompant un homme par de fausses promesses, j'oublie que j'ai affaire à un être qui est digne d'un respect absolu, et j'en fais un simple moyen pour atteindre mes fins sensibles. En me livrant à l'intempérance, je sacrifie aux intérêts de la personne sensible cette personne raisonnable qui fait toute ma valeur, et c'est ainsi que je me traite moi-même comme moyen et non comme fin.

c. *La troisième formule.* — Les deux premières formules, qui précisent déjà singulièrement la notion d'impératif catégorique, conduisent à une troisième qui exprime l'idée de la *volonté de tout être raisonnable conçue comme législatrice universelle.* Les deux maximes que nous venons d'exposer contiennent deux idées : l'idée de la forme universelle de la loi et l'idée de l'être raisonnable conçu comme fin en soi. Nous avons découvert, sans nous adresser à l'expérience et en considérant seulement la notion d'impératif catégorique, d'un côté l'idée de loi universelle et de l'autre l'idée de la personne raisonnable qui conçoit cette loi ou plutôt qui en est elle-même l'auteur, comme nous allons le voir. Si l'on rapproche ces deux idées, on obtient une nouvelle formule qui les comprend toutes les deux et qui est justement celle de : *la volonté de tout être raisonnable conçue comme législatrice universelle.*

Il suffit pour cela de considérer que la volonté raisonnable ne peut recevoir sa loi du dehors, car une loi pareille serait un impératif hypothétique, par exemple si la loi émanait de Dieu, l'impératif serait : accomplis telle action si tu veux plaire à Dieu ou simplement te conformer à sa volonté; mais alors la fin de la conduite morale serait en dehors de la personne et celle-ci ne pourrait plus être qu'un moyen. Il faut donc que cette législation universelle des volontés raisonnables ait sa source dans ces volontés elles-mêmes. L'être raisonnable est donc soumis à des lois dont il est lui-même, en tant que personne intelligible, l'a ;ur et ces lois sont universelles parce que des volontés pures, affranchies de tout lien empirique, ne peuvent contenir aucun élément de diversité. Tel est le sens de la troisième formule.

d. *L'Autonomie de la volonté.* — On comprend maintenant en quel sens le principe suprême de la moralité peut être défini par Kant le principe de l'*Autonomie de la volonté.* L'être raisonnable, en tant que personne pure, est législateur. L'être sensible sera également législateur, c'est-à-dire autonome, s'il fait régner dans le monde empirique la loi qu'il pose lui-même comme membre du monde intelligible, c'est-à-dire s'il se soumet à l'impératif catégorique, dont il est l'auteur, sans obéir à aucun mobile sensible. Sa volonté au contraire sera hétéronome si elle se laisse déterminer par un motif quelconque autre que l'impératif.

5° De quelle démonstration l'impératif catégorique est-il susceptible? — Mais il reste une question : Jusqu'ici nous avons raisonné avec Kant de la manière suivante : S'il y a un impératif catégorique, voici en quoi il consiste; voici ce qu'il contient nécessairement. Mais pourra-t-on dire : Y a-t-il véritablement un impératif catégorique? Cet ordre absolu que la raison pratique croit saisir ne serait-il pas un mot vide de sens, un concept chimérique? Comment établir que la raison, qui, dans la *Critique de la Raison pure*, s'est révélée si incertaine et si décevante, ne se trompe pas une fois de plus quand elle croit connaître la loi même du monde nouménal? Kant pose cette question, mais à vrai dire il n'y répond pas d'une manière définitive dans les *Fondements.* Pour y répondre, déclare-t-il, il faudrait faire une critique de la Raison pure pratique et cette critique il ne veut pas l'aborder dans l'ouvrage dont nous nous occupons. Cette critique a-t-elle jamais été faite? M. Fouillée, dans sa *Critique des systèmes de morale contemporains,* en doute, peut-être avec quelque raison. Kant à vrai dire n'a jamais démontré rigoureusement que l'impératif catégorique ne fût pas une illusion et sur ce point la *Critique de la Raison pratique* nous laisse aussi incertains que les *Fondements.*

Dans ce dernier ouvrage Kant nous fait apercevoir dans l'impératif catégorique une conséquence à laquelle conduit tout naturellement la distinction établie par la *Critique de la Raison pure* entre le monde des phénomènes et le monde des noumènes. Les deux concepts inséparables de liberté et de devoir absolu s'accordent admirablement avec l'idée d'un monde intelligible opposé au monde sensible.

Voici à peu près comment Kant raisonne : Il faut que nous nous supposions libres pour nous proposer d'obéir à la législation de la volonté raisonnable. L'autonomie suppose donc la liberté ou plutôt les deux concepts n'en font qu'un : Qui dit autonomie dit volonté libre. En montrant que ce double concept d'autonomie et de liberté s'accorde avec l'idée d'un monde intelligible distinct du monde sensible, nous en établissons au moins la possibilité. Or, nous savons en quoi consiste cet accord. La *Critique de la Raison pure*, en réduisant à la valeur de simples phénomènes le monde extérieur en même temps que le monde intérieur de notre conscience, nous avait tout naturellement suggéré l'idée d'un autre monde, étranger aux formes d'Espace et de Temps et dans lequel pourrait régner la liberté. Elle avait aussi montré que notre raison ne pouvait s'empêcher de se former des idées relatives à ce monde transcendant, entre autres l'idée de notre propre personne affranchie des conditions de l'univers sensible, sans pouvoir il est vrai démontrer la valeur objective de ces idées. Or voici que nous découvrons en nous, avec tout l'éclat de l'évidence, une loi pratique, qui ne peut avoir de sens que par la liberté, qui même est presque identique à la liberté. Ne peut-on pas dire que ces notions, tout au moins inséparables, viennent compléter de la manière la plus heureuse les données de la *Critique*? La *Critique* nous avait conduits au résultat suivant : L'homme n'est pas seulement un *Entendement* capable de relier entre eux des phénomènes successifs, il est encore une *Raison*, invinciblement portée à se croire libre. Or voici que la Morale exige justement la liberté pour donner un sens au mot *Devoir*.

Dans la *Critique de la Raison pratique* Kant raisonne à peu près de la même manière. Il part de la loi morale qu'il considère comme un fait apodictiquement certain. Puis il découvre que ce fait sert de principe à la déduction de la liberté et il conclut qu'on délivre ainsi une « lettre de créance à la loi morale[1] », car cette liberté que la *Critique de la Raison pure* déclarait seulement possible devient ainsi une réalité et la notion de notre personnalité qui restait incomplète à la fin de la *Critique de la Raison pure* se trouve ainsi achevée. Mais il déclare qu'il n'y a pas d'autre preuve de la loi morale.

6° La liberté et la causalité naturelle. — Il n'y avait donc dans la pensée de Kant aucune contradiction entre sa théorie de la connaissance et sa morale. Bien au contraire la morale, telle qu'il la concevait, complétait la théorie de la science. Il y a pourtant contre l'unité de la philosophie kantienne une difficulté qui est souvent considérée comme la plus grave et à laquelle Kant, chose singulière, ne paraît pas avoir attaché une importance capitale : Comment l'homme, qui, en tant que phénomène, est soumis à la causalité naturelle, peut-il obéir en même temps à la causalité intelligible ? On sait que Kant n'admet aucune exception dans le monde des phénomènes à la loi de la causalité empirique. « S'il nous était possible, écrit-il dans un passage célèbre de la *Critique de la Raison pratique*, de pénétrer l'âme d'un homme assez profondément pour connaître tous les mobiles même les plus légers qui peuvent la déterminer et de tenir compte en même temps de toutes les circonstances extérieures qui peuvent agir sur elle, nous pourrions calculer la conduite future de cet homme avec autant de certitude qu'une éclipse de lune ou de soleil » et il ajoute : « tout en continuant de le déclarer libre[2] ». Il faut pour cela qu'une même action, exécutée dans le monde des phénomènes par notre volonté, puisse dépendre à la fois de la causalité empirique, comme l'exige l'entendement, et de la causalité intelligible, comme l'exige la raison pratique. Voilà le problème. Toute la difficulté vient seulement, suivant Kant, de ce que nous n'avons pas d'intuitions du transcendant. Si nous avions de telles intuitions nous verrions que toute la chaîne des phénomènes qui composent notre conduite empirique dépend d'un choix libre de la volonté nouménale, sans que ces phénomènes

1. Voir *Critique de la R. pratique — Principes de la raison pure pratique* — Barni, p. 203-204; Picavet, p. 80-81.
2. Trad. Barni, p. 289; Picavet, p. 179.

j

cessent pour cela d'être liés causalement les uns aux autres. Comme l'acte par lequel le noumène veut l'ensemble de nos actions est intemporel, rien n'empêche qu'il coexiste avec chacune de ces actions prise en particulier, en la doublant pour ainsi dire. En un mot la causalité naturelle exige seulement que chaque phénomène, dans une série, se rattache à un antécédent suivant une règle, mais elle n'empêche pas que la série dans sa totalité dépende d'une cause transcendante. Nous pouvons choisir en dehors du monde des phénomènes notre caractère empirique et toute la conduite par laquelle il se manifeste, sans porter le moindre préjudice à l'action des causes efficientes. Suivant Kant, une fois que l'on s'est bien pénétré de la distinction des phénomènes et des noumènes, rien n'est plus facile que de comprendre la conciliation des deux causalités, il faut seulement renoncer à se la représenter, parce que nous n'avons pas d'intuitions transcendantales. Et ici encore Kant invoque à l'appui de son hypothèse le bon sens, la raison populaire, qui sait très bien qu'un crime accompli par un homme dépend de son caractère, de ses antécédents et de toute une série de causes et d'effets et qui pourtant persiste à déclarer que cet homme est responsable de son crime, parce qu'il aurait pu ne pas le commettre. Le bon sens populaire devine donc, par une sorte d'instinct, la dualité de notre personne et la double causalité dont dépend notre conduite.

7° **Les postulats de la Raison pure pratique : l'immortalité, l'existence de Dieu.** — Il nous reste pour terminer cette étude à chercher de quelle manière l'impératif catégorique peut donner une sorte de valeur objective aux idées de l'Être nécessaire et parfait et de l'immortalité. Nous achèverons ainsi de montrer comment la morale comble les lacunes laissées par la théorie de la connaissance et achève l'édifice du système de Kant. Nous avons déjà expliqué comment et pourquoi l'impératif catégorique suppose la liberté, la *Critique de la Raison pratique* établit que la morale exige également l'immortalité de l'âme et l'existence de Dieu. L'immortalité et l'existence de Dieu sont avec la liberté, ce que Kant appelle des postulats de la Raison pure pratique. Qu'est-ce d'abord qu'un postulat?

Un postulat est, dit Kant dans la *Critique de la Raison*

pratique, quelque chose de plus qu'une hypothèse. L'hypothèse résulte d'un simple besoin de la raison spéculative; ainsi, après avoir constaté dans la nature l'existence de l'ordre de la finalité, j'ai besoin, pour me les expliquer, de supposer un être souverainement intelligent, bon et puissant, qui en soit la cause. Mais cette supposition, commode pour la raison, reste toujours incertaine et douteuse, au moins théoriquement. Ce n'est que « l'opinion la plus raisonnable pour nous autres hommes ». Les postulats au contraire répondent à des besoins de la raison pratique, besoins fondés sur le devoir; or le devoir lui-même n'est pas un postulat, c'est une loi indépendante de toute supposition, qui se révèle à nous comme apodictiquement certaine. Cela posé, lorsque le devoir exige catégoriquement que j'agisse d'une certaine manière, il m'est absolument nécessaire de supposer les conditions qui rendent cette manière d'agir possible. En matière spéculative, je ne suis pas obligé de faire des hypothèses, parce que je peux demeurer dans l'ignorance, en matière pratique j'ai un « besoin absolument nécessaire » de supposer ce sans quoi je ne pourrais pas agir, car je dois agir. Si donc la loi du devoir m'oblige d'une manière quelconque à admettre l'immortalité de l'âme et l'existence de Dieu, je devrai nécessairement croire que l'âme est immortelle et qu'il y a un Dieu. Mais pour quelle raison le devoir exige-t-il de moi cette double croyance, voilà ce qu'il faut maintenant établir? Il nous faut, pour résoudre ce problème, expliquer le rôle que joue le bonheur dans la morale de l'impératif catégorique[1].

La bonne volonté n'est pas, nous le savons, la volonté qui aspire au bonheur, mais la volonté qui accomplit la loi par respect pour la loi. Le but qu'elle poursuit dès ici-bas est de s'affranchir progressivement des inclinations et de tous les mobiles sensibles et de se rapprocher ainsi d'un idéal de sainteté, qui consisterait dans une parfaite conformité à la loi morale. Mais, en luttant contre la nature pour nous perfectionner, si nous ne cherchons pas le bonheur, nous nous rendons dignes d'être heureux. Il nous est impossible d'admettre que le bonheur ne se joigne pas à la perfection morale; le bon sens populaire, auquel Kant accorde en morale un si

1. Voir *Critique de la Raison pratique*, Part. I, liv. II, chap. II. *Du concept du souverain bien*, § VIII.

grand crédit, croit à cette nécessité, bien qu'il n'essaie même pas de la démontrer; il ne peut croire qu'il puisse « revenir au même pour un homme de s'être conduit honnêtement ou malhonnêtement, avec équité ou avec violence, bien qu'il n'ait recueilli avant sa mort aucun bonheur pour ses vertus et aucun châtiment pour ses fautes[1]. » Et la raison pratique confirme une fois de plus ce jugement du bon sens, lorsqu'elle conçoit un souverain bien qu'elle se donne pour but final et qui est l'harmonie du bonheur avec la moralité[2]. Sans doute nous n'en serions pas moins étroitement liés par la règle des mœurs si cette harmonie ne devait jamais se réaliser, car les lois morales commandent sans condition, mais il n'y aurait plus alors de but final à poursuivre par l'accomplissement du devoir, ou plutôt il n'y aurait plus qu'une fin incomplète, tandis que, si le bonheur doit se joindre à la vertu, nous pouvons nous proposer comme but l'épanouissement complet de notre personnalité.

Il n'est donc pas juste de reprocher à Kant de nous avoir proposé un devoir sans matière et sans objet. Le devoir a un objet qui est de réaliser un idéal, impossible, il est vrai, ici-bas, celui d'une volonté parfaitement bonne et parfaitement heureuse, par cela même qu'elle est parfaitement bonne. Il sera facile maintenant de comprendre comment le devoir *postule* l'immortalité et l'existence de Dieu.

La sainteté d'abord ne peut se réaliser dans le monde sensible, parce que dans ce monde la volonté ne peut jamais s'affranchir complètement des inclinations et de l'amour de soi. Comme d'autre part cette sainteté est exigée comme pratiquement nécessaire, il faut la chercher dans un progrès indéfini, grâce auquel la part de l'égoïsme dans nos volitions se réduirait petit à petit à zéro. Mais ce progrès indéfini n'est possible que dans la supposition d'une existence et d'une personnalité indéfiniment persistantes[3].

La démonstration de l'existence de Dieu est fondée sur la

1. *Critique du jugement : Méthodologie du jugement téléologique; Parallèle de la théologie physique et de la théologie morale*. Barni, p. 182.

2. Ibid. Barni, p. 169.

3. Voir *Critique de la Raison pratique*. Part. I, Liv. II, ch. II, IV. Barni, p. 328. Picavet, p. 222.

nécessité de l'autre élément du souverain bien, à savoir du bonheur. La loi morale commandant par des principes absolument indépendants des lois de la nature, il n'y a aucune raison pour que la volonté de faire mon devoir me rende heureux en ce monde. Le bonheur ici-bas dépend en effet de toutes sortes de conditions et de causes physiques, sociales, psychologiques qui n'ont rien de commun avec la loi du devoir et pourtant il faut que la volonté sainte, bien qu'elle ne poursuive pas le bonheur, soit heureuse. Il y a donc, en dehors de la nature, une cause suprême capable d'établir tôt ou tard cette harmonie de la moralité et du bonheur exigée par la raison pratique. Et cette cause est d'abord un être omniscient, car il doit pénétrer au plus profond de nos cœurs pour apprécier justement la valeur morale de notre conduite; cet être est encore omnipotent, afin qu'il puisse attribuer à toutes les personnes raisonnables la part de bonheur qui leur est due; enfin il est souverainement bon et souverainement juste, afin qu'il veuille récompenser et punir chacun selon ses œuvres. En un mot cet être contient en lui toute perfection, il est donc Dieu[1].

C'est ainsi que l'impératif catégorique, en nous prescrivant de réaliser le souverain bien, nous impose la nécessité morale d'admettre l'immortalité de l'âme et l'existence de Dieu. Mais nous ne devons pas penser qu'une démonstration de ce genre puisse nous donner une connaissance de la vie à venir et de l'Être parfait. Nous n'avons aucun moyen de nous figurer cette vie prolongée indéfiniment, pendant laquelle notre volonté s'épurera toujours davantage; nous n'avons aucune représentation de ces attributs de science, de puissance, de bonté que nous prêtons à Dieu. L'analogie par laquelle nous essayons de concevoir la vie éternelle d'après la vie temporelle et la perfection absolue de Dieu, d'après la perfection relative d'un souverain d'ici-bas, est éminemment trompeuse. L'idée de l'immortalité et l'idée de Dieu, telles que nous pouvons les former dans les conditions de notre connaissance actuelle, sont encore des idées toutes subjectives; mais nous pouvons, nous devons même croire qu'elles correspondent à des réalités d'ailleurs

1. Voir *Critique de la Raison pratique*. Part. I, L. II, ch. II, v. Barni, p. 332, Picavet, p. 226 et *Critique du jugement : Méthodologie du jugement téléologique*, § LXXXV.

inconnaissables pour nous. La *Critique de la Raison pure* nous laissait le droit de croire à une vie au delà de la vie terrestre, à un Être suprême au delà de ce monde d'apparences, la *Critique de la Raison pratique* nous en impose le devoir.

Nous avons exposé dans ses lignes essentielles la morale kantienne, de manière à permettre au lecteur d'aborder l'étude du texte des *Fondements de la Métaphysique des mœurs*. Nous compléterons, autant que nous le pourrons, dans les notes les courtes indications que nous venons de donner. Quant aux critiques que peut soulever la pensée même de Kant, il ne peut entrer dans le cadre de cet ouvrage de les exposer. Notre rôle se borne à proposer une interprétation de la philosophie morale de Kant; il appartiendra à chaque professeur de discuter avec ses élèves, suivant l'esprit de son cours, cette philosophie.

FONDEMENTS

DE LA

MÉTAPHYSIQUE DES MOEURS

PRÉFACE

L'ancienne philosophie grecque se divisait en trois sciences : la **Physique**, l'**Ethique** et la **Logique**[1]. Cette division était parfaitement conforme à la nature des choses, il n'y a pas lieu de chercher à la perfectionner ; mais on peut y ajouter le principe sur lequel elle se fonde, afin de s'assurer ainsi d'une part qu'elle est complète, et de pouvoir de l'autre en déterminer exactement les subdivisions nécessaires.

Toute connaissance rationnelle est, ou bien *matérielle* et se rapporte alors à quelque objet, ou bien *formelle* et s'occupe alors seulement de la forme de l'entendement et de la raison en eux-mêmes, et des règles universelles de la pensée en général, sans distinction des objets. La Philosophie formelle s'appelle la **Logique** ; la Philosophie matérielle, celle qui se rapporte à des

---

1. Aristote (*Topiques*, I, 14) classe les problèmes philosophiques en problèmes éthiques, problèmes physiques et problèmes logiques. Cette classification, à laquelle ne correspondent pas du reste les œuvres d'Aristote lui-même, fut généralement suivie dans les écoles grecques après le Stagirite, notamment dans l'école stoïcienne.

objets déterminés et à leurs lois, est double; car ces
lois sont ou bien des lois de la *nature*, ou bien des lois
de la *liberté*. La science des premières s'appelle la **Physique**, la science des secondes est l'**Ethique**. La Physique est encore appelée Doctrine de la nature, et l'Ethique Doctrine des mœurs.

La Logique ne peut pas avoir de partie empirique,
c'est-à-dire de partie où les lois universelles et nécessaires de la pensée reposeraient sur des principes empruntés à l'expérience; car autrement elle ne serait plus
une logique, c'est-à-dire un canon de l'entendement ou de
la raison valable pour toute pensée et susceptible d'être
démontré. Au contraire la Philosophie naturelle, aussi
bien que la Philosophie morale, peuvent avoir chacune
une partie empirique; la première, en effet, doit déterminer les lois de la nature considérée comme objet de
l'expérience; la seconde, les lois de la volonté humaine,
en tant qu'elle est affectée par la nature, c'est-à-dire
d'un côté, les lois d'après lesquelles tout arrive, de
l'autre les lois d'après lesquelles tout doit arriver, en
tenant compte, il est vrai, des conditions par suite desquelles souvent ce qui devrait arriver n'arrive pas.

On peut appeler *empirique* toute philosophie qui
prend son point d'appui sur les principes de l'expérience; quant à celle dont la doctrine repose uniforme-
ment sur des principes *a priori* c'est une philosophie
pure. Lorsque cette dernière est purement formelle,
elle se nomme *Logique*; quand elle est restreinte à
certains objets déterminés de l'entendement, elle s'appelle *Métaphysique* [1].

---

1. Kant entend ici par Métaphysique, non pas la science de l'être
en soi, mais une science purement
rationnelle, c'est-à-dire *a priori*,
dont l'objet peut d'ailleurs faire
partie du monde des phénomènes.
C'est ainsi que sous le titre de *Prin-*
cipes métaphysiques de la nature,
il expose les concepts et les lois qui
dominent la nature physique, en
tant que ces concepts et ces lois
peuvent être découverts *a priori*.
Dans la *Métaphysique des mœurs*
il expose également *a priori* le

C'est de cette manière que se forme en nous l'idée d'une double métaphysique, une *Métaphysique de la nature* et une *Métaphysique des mœurs*. La Physique aura ainsi une partie empirique et aussi une partie rationnelle; l'Ethique, de même; seulement la partie empirique de cette dernière science pourrait s'appeler particulièrement *Anthropologie pratique*[1], tandis que la partie rationnelle serait la *Morale* proprement dite.

Tous les métiers, toutes les industries, tous les arts ont gagné à la division du travail, qui consiste en ceci qu'un seul homme ne pouvant pas tout faire, chacun se borne à un genre de travail déterminé qui, par sa technique, se distingue nettement des autres, afin de l'accomplir avec la plus grande perfection possible et avec plus de facilité. Partout où le travail n'est pas ainsi divisé et partagé, où chacun est l'homme de tous les métiers, la barbarie la plus profonde règne encore. Cela posé, il y a une question qui mériterait peut-être examen et c'est la suivante : La Philosophie pure, dans toutes ses parties, ne réclamerait-elle pas un homme spécial et ne serait-il pas avantageux pour tout l'ensemble du monde savant que ces hommes, qui vendent au public[2], conformément à son goût, un mélange d'empirique et de rationnel combiné suivant toutes sortes de proportions qu'eux-mêmes ne connaissent pas, qui s'appellent eux-mêmes des penseurs indépendants et qui traitent de rêveurs ceux qui se consacrent à l'étude de ce qui est purement rationnel, fussent avertis de ne pas pratiquer à la fois deux métiers très différents au point de vue technique, dont chacun réclame peut-être un talent particulier et qu'une même personne ne peut

---

système des concepts purs qui doivent présider à la conduite humaine.

1. L'Anthropologie est, pour Kant, l'étude psychologique de nos facultés; elle est pratique, quand elle est faite au point de vue de l'action. Le dernier ouvrage de Kant est une *Anthropologie in pragmatischer Hinsicht*.

2. Kant paraît faire allusion aux philosophes de l'école de Wolf.

venir sans faire de mauvaise besogne? Mais je me
borne ici à demander si la nature même de la science
n'exige pas que l'on sépare toujours soigneusement la
partie empirique de la partie rationnelle, qu'avant la
Physique proprement dite (empirique) on place une
Métaphysique de la nature, avant l'Anthropologie pratique, une Métaphysique des mœurs, soigneusement
épurée de tout élément empirique. Ce serait le seul
moyen de savoir de quoi la raison pure est capable
dans les deux cas et à quelles sources elle puise elle-
même son enseignement *a priori*. Cette tâche pourrait
d'ailleurs être remplie soit par tous les professeurs de
morale (dont le nom est légion), soit seulement par
quelques-uns qui se sentiraient pour cela une vocation.

N'ayant en vue maintenant que la philosophie proprement morale, je restreins la question posée tout à
l'heure au point suivant : Ne pense-t-on pas qu'il est
de la plus absolue nécessité de constituer une bonne
fois une Philosophie morale pure, entièrement débar-
rassée de tout élément empirique appartenant à l'Anthropologie. Qu'une pareille philosophie puisse exister,
c'est ce qui résulte avec évidence de l'idée même que
tout le monde se fait du devoir et de la loi morale.
Tout le monde est contraint d'avouer qu'une loi, pour
avoir une valeur morale et fonder une obligation, doit
avoir le caractère d'une absolue nécessité, que le commandement : « tu ne dois pas mentir », n'est pas seulement valable pour les hommes, mais que, s'il y a
d'autres êtres raisonnables, ils doivent s'y conformer;
qu'il en est de même de toutes les lois morales proprement dites, que, par conséquent, le principe de l'obligation ne doit pas être ici cherché dans la nature de
l'homme, ni dans les circonstances extérieures où il
se trouve placé, mais *a priori* dans les seuls concepts
de la raison pure, et que tout autre précepte, fondé
sur les principes de la seule expérience, en admettant

même qu'il soit universel, pour peu qu'il s'appuie sur
une base empirique, voire même sur un seul motif,
pourra peut-être s'appeler règle pratique, mais jamais
loi morale.

Ainsi, non seulement les lois morales, avec leurs
principes, se distinguent essentiellement, dans toute
connaissance pratique, de tout ce qui peut contenir
quelque chose d'empirique, mais encore toute philosophie morale repose entièrement sur sa partie pure, et,
appliquée à l'homme, loin d'emprunter quoi que ce
soit à la connaissance empirique de l'humanité (Anthropologie), elle lui donne, en tant qu'il est un être raisonnable, des lois *a priori*. Il est vrai qu'il faut un
jugement affiné par l'expérience, tant pour discerner
les circonstances dans lesquelles ces lois trouvent leur
application, que pour leur assurer l'accès de la volonté
humaine et les rendre efficaces dans la conduite pratique. L'homme, en effet, est affecté par tant d'inclinations, que, tout en étant capable de concevoir l'idée
d'une raison pure pratique, il n'est pas assez fort pour
rendre cette idée efficace *in concreto* dans la conduite
de sa vie.

Une Métaphysique des mœurs est donc absolument
nécessaire, non seulement pour satisfaire l'esprit de
spéculation, en découvrant la source des principes pratiques qui résident *a priori* dans notre raison, mais
encore pour sauver les mœurs de toutes les perver-
sions auxquelles elles sont exposées, tant qu'il leur
manque ce fil directeur et cette règle suprême, condition de tout jugement juste. Car, pour qu'une action
soit moralement bonne, il ne suffit pas qu'elle soit *conforme* à la loi morale, il faut encore qu'elle soit accomplie
en vue de cette loi[1]; autrement cette conformité à la loi
serait essentiellement contingente et trompeuse parce

1. Kant résume ici nettement l'idée dominante de sa morale | qu'il semble considérer comme évidente.

qu'un principe étranger à la morale, tout en produisant
parfois des actions conformes à cette loi, en produirait
aussi bien d'autres fois qui lui seraient contraires. Or
la loi morale dans toute sa sincérité et toute sa pureté
(et c'est ce qui importe avant tout en pratique) ne doit
être cherchée nulle part ailleurs que dans une Philosophie pure ; il faut donc commencer par cette philosophie (Métaphysique), car sans elle il ne pourra jamais
exister aucune Philosophie morale ; je dirai même que
la science qui mélange les principes purs avec les principes empiriques ne mérite même pas le nom de philosophie (car la philosophie se distingue précisément de
la connaissance rationnelle vulgaire par ce trait qu'elle
expose dans une science à part ce que cette connaissance ne conçoit que confusément) ; elle mérite encore
bien moins le nom de Philosophie morale, car, par la
confusion qu'elle établit, elle porte préjudice à la pureté des mœurs et va contre sa propre destination.

On ne doit pas s'imaginer que ce que nous deman-
dons ici se trouve déjà dans la Propédeutique que le
célèbre Wolff[1] a placée avant sa Philosophie morale,
dans l'ouvrage qu'il a intitulé *Philosophie pratique
générale*, et que nous ne devions pas nous engager sur
un terrain vraiment nouveau. Précisément parce que
cette Propédeutique devait être une Philosophie pratique
générale, elle n'a pas considéré une volonté d'une certaine espèce, par exemple une volonté capable de se
déterminer entièrement par des principes *a priori*,
sans aucun mobile empirique, volonté que l'on pourrait
nommer volonté pure, elle n'a considéré que la faculté
de vouloir en général, avec toutes les actions et condi-

---

1. Christian Wolff, philosophe
allemand, né en 1679, à Breslau, en-
seigna avec beaucoup de succès une
philosophie inspirée de Leibniz, à
laquelle Kant lui-même se rattacha
pendant la première partie de sa
carrière. Sa morale est une morale
toute naturaliste dominée par l'i-
dée de perfection. L'ouvrage auquel il est fait ici allusion est la
Philosophia practica universalis
(1738).

tions qui conviennent à cette faculté conçue sous cet aspect général, et, par là, l'ouvrage de Wolff se distingue de la Métaphysique des mœurs à peu près comme la Logique générale se distingue de la Philosophie transcendantale; la première de ces sciences exposant les opérations et les règles de la pensée *en général*, la seconde se borne aux opérations et règles de la *pensée pure*, c'est-à-dire de la pensée en tant qu'elle connaît les objets *a priori*. En effet, la Métaphysique des mœurs doit étudier l'idée et les principes d'une volonté pure possible et non pas les actions et les conditions de la volonté humaine en général, lesquelles sont puisées pour la plus grande part dans la Psychologie. Le fait que, dans la Philosophie pratique générale, on parle (il est vrai sans y être autorisé) de lois et de devoirs, ne prouve rien contre ma thèse. Car les fondateurs de cette science se montrent en cela fidèles à l'idée qu'ils s'en font; ils ne distinguent pas les principes d'action qui nous sont présentés comme tels purement *a priori* par la seule raison et qui sont à proprement parler moraux, des motifs empiriques que l'entendement transforme en concepts généraux par une simple comparaison d'expériences. Sans attacher d'importance à la différence d'origine de ces motifs, ils n'en voient que la quantité plus ou moins grande (les considérant tous comme d'égale valeur), et c'est ainsi qu'ils forment leur concept d'*obligation*. Ce concept, à vrai dire, n'est rien moins que moral, mais c'est le seul que l'on puisse demander à une philosophie qui ne tient aucun compte de l'origine des concepts pratiques possibles et ne s'inquiète pas de savoir s'ils sont *a priori* ou seulement *a posteriori*[1].

---

1. Kant reproche ici à Wolff, comme tout à l'heure à ces philosophes qu'il ne désignait pas d'une manière précise, de n'avoir point distingué suffisamment le point de vue empirique et psychologique du point de vue rationnel et métaphysique. Kant veut une morale abso-

Ayant l'intention de publier un jour une Métaphysique des mœurs, je lui donne pour préface ces Fondements. A la vérité, la seule base sur laquelle on puisse édifier cette science est une critique de la *Raison pure pratique* de même que la critique de la raison spéculative, déjà publiée, est la base de la Métaphysique de la nature [1]. Mais, d'une part, la première de ces critiques n'est pas d'une nécessité aussi absolue que la seconde, parce qu'en matière morale la raison humaine, même chez le vulgaire, peut facilement être amenée à un haut degré de justesse et de développement, tandis que dans son usage théorique mais pur elle est exclusivement dialectique [2]; d'autre part, pour qu'une critique de la raison pure pratique puisse être achevée, je trouve indispensable de pouvoir démontrer l'unité dans un principe commun de la raison spéculative et de la

---

lument pure de tout empirisme, prescrivant à la volonté des règles rigoureusement *a priori*. Wolff, au contraire, étudie les lois de la volonté en général, comme le logicien étudie les lois de la pensée en général, sans se demander quelle est l'origine de ces lois, tandis que la philosophie transcendantale détermine purement *a priori* les lois et les concepts nécessaires de la pensée. Wolff, en outre, dans la recherche du principe de la morale, quoiqu'il prétende procéder *a priori*, s'inspire en réalité de l'expérience. En effet, l'idée de perfection, qui est l'idée de l'achèvement de notre personnalité ou de l'accomplissement des fins de notre nature, n'est nullement un principe *a priori*, c'est la nature qui nous la suggère. Dans la pensée de Kant, il ne peut y avoir qu'un principe moral qui soit vraiment *a priori*, c'est le principe du devoir pur. Enfin, la morale de Wolff n'explique pas l'obligation. Elle se borne à déclarer obligatoire l'acte pour lequel plaident le plus grand nombre de raisons.

1. Avant de déterminer *a priori* les lois de la nature physique, il faut par la critique séparer le connaissable de l'inconnaissable et découvrir les règles nécessaires auxquelles les phénomènes doivent se plier pour devenir connaissables. De même, avant de déterminer *a priori* les concepts directeurs de la conduite pratique, les devoirs, il faut d'abord faire la critique de la Raison pratique, afin de savoir ce que nous pouvons connaître *a priori* du devoir.

2. Kant, en morale, attache une importance toute particulière à la raison populaire; il en invoque souvent le témoignage, jugeant que la conscience du devoir, telle qu'elle existe chez tout honnête homme, ne peut être une illusion. Il estime, au contraire, qu'en matière spéculative, la raison vulgaire est incapable, par ses seules forces, de distinguer le vrai du faux. Ainsi jamais le bon sens populaire ne comprendra la distinction du phénomène et de la chose en soi.

raison pratique, car il s'agit après tout d'une seule et même raison dont les applications seules doivent être distinguées. Or, je ne pourrais réaliser une œuvre aussi complète sans y mêler des considérations d'une tout autre nature qui embrouilleraient le lecteur. C'est pourquoi, au lieu d'appeler ce livre : *Critique de la raison pure pratique*, j'ai préféré me servir du titre de *Fondements de la Métaphysique des mœurs* [1].

En troisième lieu, comme une Métaphysique des mœurs, en dépit de ce titre quelque peu effrayant, est susceptible d'une forme populaire et plus appropriée à l'entendement vulgaire, je trouve utile de publier à part ce travail préparatoire des Fondements, afin de ne pas mêler plus tard à un enseignement plus facile les subtilités inévitables en cette matière [2].

Ces Fondements, que je présente au public, n'ont d'autre objet que de rechercher et d'établir exactement le *principe suprême de la moralité*, travail qui, par son objet, forme à lui seul un tout bien distinct des autres recherches éthiques. A la vérité mes assertions sur ce point capital, qui jusqu'ici est loin d'avoir été étudié d'une manière satisfaisante, gagneraient beaucoup en clarté, si ce principe était appliqué à tout le système et recevraient une importante confirmation de ce fait que partout on le verrait suffire; mais j'ai dû renoncer à cet avantage, qui au fond répondrait plutôt à un intérêt personnel qu'à une utilité générale, parce que le fait qu'un principe est d'une application facile et paraît suffisant ne fournit pas une preuve sûre de sa justesse; il éveille au contraire en nous une certaine partialité qui peut nous empêcher de l'examiner et de

1. Kant ne fera donc pas dans cet ouvrage la critique de la Raison pratique; il affirme le devoir, il analyse le contenu de ce concept, sans en démontrer la valeur objective.

2. En effet, la *Métaphysique des mœurs* de Kant est une sorte de morale pratique *a priori*, parfaitement accessible à tous les esprits.

l'apprécier en lui-même, avec toute la rigueur convenable sans avoir aucun égard à ses conséquences.

La méthode que j'ai adoptée dans cet écrit est celle qui semble la plus convenable lorsque l'on veut s'élever analytiquement de la connaissance vulgaire à la détermination du principe suprême de cette connaissance et ensuite par une voie synthétique redescendre de l'examen de ce principe et de ses sources jusqu'à la connaissance vulgaire où il trouve son application. Les divisions de l'ouvrage seront donc les suivantes :

I *Première section*. — Passage de la connaissance morale de la raison vulgaire à la connaissance philosophique.

II. *Deuxième section*. — Passage de la philosophie morale populaire à la Métaphysique des mœurs.

III. *Troisième section*. — Dernier pas qui nous élève de la Métaphysique des mœurs à la Critique de la Raison pratique pure [1].

---

1. Dans la première section, Kant part du concept du devoir tel qu'il se révèle naturellement à toute conscience humaine, et il montre la nécessité de découvrir le fondement de ce concept.

Dans la seconde section, Kant détermine le concept d'impératif catégorique, et découvre par une analyse toute logique ce que contient ce concept. Il s'élève ainsi de la philosophie populaire à la métaphysique des mœurs.

Enfin, dans la troisième section, il aborde la question qui doit faire l'objet de la *Critique de la Raison pratique*: Comment un impératif catégorique est-il possible, et comment démontrer que ce concept n'est pas illusoire?

PREMIÈRE SECTION

PASSAGE DE LA CONNAISSANCE MORALE
DE LA RAISON POPULAIRE
A LA CONNAISSANCE PHILOSOPHIQUE

De toutes les choses que nous pouvons concevoir en
ce monde ou même, d'une manière générale, hors de
ce monde, il n'y en a aucune qui puisse être considérée
comme bonne sans restriction, à part une seule : une
bonne volonté. L'intelligence, l'esprit, le jugement et
les autres *talents* de l'esprit, de quelque nom qu'on les
appelle, ou bien encore le courage, la décision, la
persévérance dans les entreprises, c'est-à-dire les qualités du *tempérament* [1] sont à coup sûr à bien des
points de vue des choses bonnes et désirables; mais
elles peuvent aussi devenir extrêmement mauvaises et
dangereuses si la volonté, qui doit faire usage de ces
dons naturels et dont la constitution particulière
s'appelle le *caractère* [2], n'est pas une bonne volonté.
On peut en dire autant des *dons de la fortune.* Le
pouvoir, la richesse, la considération, même la santé
et tout ce qui constitue le bien-être et le contentement
de son sort, en un mot tout ce que l'on appelle le
bonheur, engendre une confiance qui souvent devient

1. Le tempérament consiste d'a-
près l'*Anthropologie* de Kant (liv.
II, 2ᵉ partie, A) dans la manière
dont nous désirons et dont nous
sommes affectés. Chaque tempérament a ses vertus propres. Ainsi :
le courage appartient au tempérament colérique, la persévérance

au tempérament flegmatique, etc...
2. Le caractère consiste essentiellement dans la volonté en tant
qu'elle obéit à des principes (et
non à des désirs et à des émotions), c'est-à-dire dans la volonté
libre (*Anthropologie*, liv. II, 2ᵉ partie, A).

présomption, si la bonne volonté n'est pas là pour modérer l'influence que le bonheur peut exercer sur notre sensibilité et pour redresser le principe de notre activité, en le rendant utile au bien général ; ajoutons qu'un spectateur raisonnable et impartial, témoin de la félicité ininterrompue d'une personne que ne relève aucun trait de pure et bonne volonté, ne trouvera jamais dans ce spectacle une satisfaction véritable, si bien que la bonne volonté paraît être la condition indispensable sans laquelle nous ne méritons pas d'être heureux.

Il y a des qualités qui peuvent devenir les auxiliaires de cette bonne volonté et faciliter singulièrement sa tâche, mais qui n'ont pourtant en elles-mêmes aucune valeur absolue et supposent toujours une bonne volonté ; et c'est là une condition qui restreint la haute estime que l'on professe d'ailleurs avec raison pour elles et nous empêche de les considérer comme bonnes absolument. La modération dans les émotions et les passions, l'empire sur soi-même, l'esprit de calme réflexion sont des qualités qui non seulement sont bonnes à beaucoup d'égards, mais qui encore semblent constituer pour une bonne part la valeur *interne* de la personne. Mais il s'en faut de beaucoup que l'on puisse les déclarer bonnes sans réserve (en dépit de la valeur absolue que leur attribuaient les anciens). En effet, sans les principes fondamentaux d'une bonne volonté, elles peuvent devenir très mauvaises ; et le sang-froid d'un criminel ne le rend pas seulement plus dangereux, mais le fait paraître à nos yeux bien plus abominable que nous ne l'eussions jugé sans cela.

La bonne volonté n'est pas bonne par ce qu'elle produit et effectue ni par la facilité qu'elle nous donne à atteindre un but que nous nous proposons, mais seulement par le vouloir même, c'est-à-dire qu'elle est bonne en soi et que, considérée en elle-même, elle doit

être estimée à un prix infiniment plus élevé que tout
ce que l'on peut réaliser par elle au profit de quelque
inclination, ou même, si l'on veut, de l'ensemble de
toutes les inclinations. Quand même, par la défaveur
du sort ou par l'avarice d'une nature marâtre, le pouvoir de réaliser ses intentions manquerait totalement
à cette volonté, quand même tous ses efforts demeure-
raient sans résultat, de manière qu'il ne restât plus que
la bonne volonté (et j'entends par là non un simple
souhait mais l'emploi de tous les moyens en notre
pouvoir), elle n'en brillerait pas moins de son éclat
propre, comme un joyau, car c'est une chose qui
possède par elle-même toute sa valeur. L'utilité ou
l'inutilité ne peuvent rien ajouter ni retrancher à cette
valeur. L'utilité ne serait que comme une sorte de
monture, permettant de manier plus facilement le joyau,
dans l'usage de chaque jour, ou propre à attirer sur lui
l'attention de ceux qui ne sont pas encore de vrais
connaisseurs mais non à le recommander et à déterminer sa valeur aux yeux des amateurs.

Il y a, dans cette idée de la valeur absolue de la
seule volonté, sans aucune considération d'utilité,
quelque chose de si étrange que, malgré l'approbation
que lui donne même la raison vulgaire, on pourrait
être amené à soupçonner qu'elle repose sur quelque
illusion sublime de l'imagination et que l'intention dans
laquelle la nature a institué la raison comme directrice de notre volonté a été mal comprise. Aussi allons-
nous, de ce point de vue, mettre cette idée à l'épreuve.

Quand nous considérons les facultés naturelles d'un
être organisé, c'est-à-dire constitué en vue d'une fin
qui est de vivre, nous posons en principe que tout
organe que l'on pourra rencontrer chez cet être doit
être le plus convenable, et le mieux approprié à ses fins [1].

1. Pour établir que la bonne volonté est la volonté qui obéit à la pure raison et non celle qui cherche le bonheur, Kant invoque un argu-

Or si la nature, en créant un être doué de raison et de
volonté, n'avait ou d'autre but que sa *conservation*, son
bien-être, en un mot son *bonheur*, elle aurait bien mal
pris ses mesures en confiant à la raison de cet être le
soin de réaliser ses intentions. En effet, pour lui
suggérer toutes les actions qu'il doit accomplir en vue
de cette fin et pour régler toute sa conduite, l'instinct
aurait bien mieux convenu et le but de la nature
aurait été bien plus sûrement atteint par cette voie
que par celle de la raison. Et si, par une faveur
spéciale, la raison avait dû être accordée à une telle
créature, elle n'aurait dû en faire usage que pour se
livrer à des considérations sur l'heureuse disposition
de sa nature, pour l'admirer, s'en réjouir, remercier la
cause bienfaisante à laquelle elle en eût été redevable,
mais non pour subordonner sa faculté de désirer à la
direction faible et trompeuse d'un tel guide et pour
gâter ainsi l'œuvre de la nature. En un mot la nature
aurait empêché que la raison s'attribuât *un rôle pratique* et élevât la prétention de préparer, avec sa faible
perspicacité, le plan du bonheur et les moyens d'y
parvenir; la nature se serait réservé non seulement le
choix des fins, mais aussi celui des moyens et aurait,
avec une sage prudence, confié l'un et l'autre au seul
instinct.

En fait nous observons que plus une raison cultivée
se consacre à la recherche des jouissances de la vie et
du bonheur, plus l'homme s'éloigne de la véritable
satisfaction [1]. De là chez beaucoup de personnes et

ment fondé sur l'idée de finalité
que l'on peut résumer ainsi : Il faut
que toutes nos facultés aient une
destination, une fin ; or la raison
qui caractérise l'homme n'a pu lui
être donnée pour poursuivre le bonheur, car elle réussit beaucoup moins
bien dans cette tâche que l'instinct.
Le bonheur n'est donc pas la fin

que doit poursuivre la volonté d'un
être raisonnable.

1. On connaît le passage célèbre
de ses *Mémoires* (ch. v)) où Mill
déclare que « pour être heureux il
n'est qu'un seul moyen : prendre
pour but de la vie, non le bonheur,
mais quelque fin étrangère au bonheur. »

notamment chez celles qui ont la plus grande expérience de l'usage de la raison, si elles sont assez
sincères pour l'avouer, un certain degré de *Misologie*,
c'est-à-dire d'aversion pour la raison. En effet, après
avoir mis en ligne de compte tous les avantages
qu'elles peuvent tirer, je ne dis pas seulement de
l'invention des arts relatifs au luxe vulgaire, mais
encore des sciences (qu'elles finissent par considérer
comme un luxe de l'entendement), elles découvrent
que finalement elles y ont gagné plus de fatigues
qu'elles n'ont recueilli de bonheur, et alors, jetant les
yeux sur les hommes de condition inférieure, qui se
laissent plus volontiers diriger par l'instinct naturel et
n'accordent à la raison que peu d'influence sur leur
conduite, elles les envient plutôt qu'elles ne les
méprisent. Et même, en entendant ces personnes
rabaisser et réduire à moins que rien les services si
pompeusement vantés que la raison est censée nous
rendre dans la recherche du bonheur et du contentement dans la vie, on doit avouer que leur jugement
n'enveloppe ni pessimisme ni ingratitude envers la
bonté de la Providence. Ces jugements reposent en
effet sur l'idée non exprimée que notre existence a une
autre fin bien plus noble, que la raison trouve dans
cette fin et non dans le bonheur sa véritable destination et que l'homme doit y subordonner le plus
souvent, comme à une condition suprême, ses intérêts
particuliers.

En effet, si la raison n'est pas capable de diriger
sûrement la volonté dans la recherche de ses objets
propres et dans la satisfaction de tous nos besoins
(qu'elle multiplie plutôt); s'il est vrai que l'instinct
naturel inné nous eût conduits bien plus sûrement à
une telle fin et si la raison nous a été donnée toutefois
comme une faculté pratique, c'est-à-dire comme une
faculté qui doit avoir de l'action sur la *volonté*, il faut

reconnaître que la véritable destination de cette raison doit être de produire une *volonté bonne en elle-même* et non bonne comme *moyen* pour réaliser quelque autre fin, car, pour un tel objet, la raison était absolument nécessaire et nous retrouvons ainsi la finalité que partout ailleurs la nature manifeste dans les facultés qu'elle répartit entre ses créatures. Cette volonté n'est pas ainsi le seul bien, ni le bien total, mais il faut y voir le bien suprême et la condition que suppose tout autre bien et même toute aspiration au bonheur. En ce cas il est facile de concilier, avec l'idée de la sagesse de la nature, le fait que la culture de la raison, nécessaire pour atteindre le premier but qui est inconditionnel, restreint de bien des manières, au moins ici-bas, la possibilité d'arriver au second qui est toujours conditionnel, à savoir au bonheur, et peut même la réduire à néant. La nature en cela ne manque pas de finalité, car la raison, qui reconnaît que sa destination pratique suprême est de fonder une bonne volonté, ne peut goûter dans l'accomplissement de cette mission qu'une satisfaction qui lui soit propre, c'est-à-dire celle qu'elle peut trouver à avoir atteint une fin qu'elle-même détermine, quand cela devrait porter maint préjudice aux fins de l'inclination.

Proposons-nous donc le concept d'une volonté respectable par elle-même et bonne indépendamment de toute intention ultérieure, concept qui est naturellement contenu dans tout entendement sain et qui a moins besoin d'être enseigné que d'être éclairci. Pour développer ce concept, qui domine tous les autres dans l'appréciation de la valeur de nos actions, et qui est la condition à laquelle nous rapportons tout le reste, nous allons mettre devant nos yeux le concept du **Devoir** qui contient en lui-même celui d'une bonne volonté, bien qu'avec l'idée de certaines limites et de certains obstacles subjectifs; mais loin d'être ainsi obscurcie et rendue méconnaissable, l'idée de la bonne volonté ne fait que ressortir davantage par contraste et que briller d'une plus pure lumière[1].

Je laisse de côté toutes les actions qui sont généralement reconnues contraires au devoir, bien qu'elles puissent être utiles à tel ou tel point de vue; car la question ne se pose même pas de savoir si de telles actions peuvent être accomplies par *devoir*, puisqu'elles sont en contradiction avec le devoir. Je passe de même sous silence les actions qui sont vraiment conformes au devoir, mais pour lesquelles les hommes n'ont *aucune inclination* immédiate, bien qu'ils les accomplissent quelquefois sous l'influence d'une autre tendance; car il est alors facile de distinguer si l'acte conforme au devoir a été accompli *par devoir* ou par intérêt égoïste. Cette distinction est bien plus difficile à faire quand l'action est conforme au devoir et qu'en même temps nous y sommes inclinés par quelque penchant *immédiat*. Par exemple [2], il est sans doute conforme au devoir que le marchand n'exagère pas ses prix devant l'acheteur inexpérimenté et, lorsqu'il fait beaucoup d'affaires, le négociant avisé n'agit pas ainsi; il a un prix fixe, le même pour tout le monde, si bien qu'un enfant peut acheter chez lui aussi sûrement qu'un autre client. On est donc *honnêtement* servi; mais cette loyauté est loin de suffire pour croire que le marchand ait agi de la sorte en vertu de l'idée du devoir et des principes de la probité. Son intérêt

---

1. Kant montrera que l'idée de devoir, d'obligation ne peut s'appliquer qu'à une volonté imparfaite, c'est-à-dire sollicitée par des motifs sensibles. Une volonté parfaitement bonne obéirait spontanément à la loi, sans effort ni contrainte.

2. Le premier exemple, celui du marchand, est un exemple d'action conforme au devoir, mais à laquelle ne nous porte aucune inclination immédiate; les trois autres exemples se rapportent à des actions conformes au devoir et pour lesquelles nous avons une inclination immédiate : conserver notre vie, aider les malheureux, assurer notre propre bonheur.

l'exigeait. Car on ne peut supposer ici qu'il ait en outre une sorte d'inclination immédiate pour ses clients, de telle sorte que son affection pour eux l'empêche de faire à l'un des prix plus avantageux qu'aux autres. La conduite de cet homme n'avait donc pour motif ni le devoir, ni une inclination immédiate, mais un simple calcul égoïste.

Au contraire, c'est un devoir de conserver sa vie, mais c'est en outre une chose à laquelle chaque homme est poussé par une inclination immédiate. Mais c'est justement ce qui fait que le souci, souvent plein d'anxiété, que la plupart des hommes ont de leur vie n'a aucune valeur en lui-même et que la maxime qui exprime ce souci n'a aucun caractère moral. Ils conservent, en effet, leur vie *conformément au devoir*, mais non *par devoir*. En revanche, si un sort contraire et un chagrin sans espoir étouffaient chez un homme l'amour de la vie, et si ce malheureux, fort de caractère, plutôt irrité de son sort que découragé ou abattu, désirait la mort et pourtant conservait sa vie sans l'aimer, non pas par inclination ou par crainte, mais par devoir, alors sa maxime[1] aurait un caractère moral.

Être bienfaisant, quand on le peut, est un devoir, mais il ne manque pas d'âmes disposées à la sympathie, qui, sans aucun autre motif de vanité ou d'intérêt, trouvent un plaisir intime à répandre la joie autour d'elles et se réjouissent du bonheur des autres, en tant qu'il est leur ouvrage. Eh bien j'affirme que, dans ce cas, l'acte charitable, si conforme au devoir, si aimable qu'il puisse être, n'a pourtant aucune valeur morale véritable. Je le mets de pair avec les autres inclinations, par exemple l'amour de la gloire, qui, lorsqu'il se propose heureusement un objet conforme à l'intérêt général et au

---

1. Kant explique plus loin le | dans laquelle se résume la règle dont sens de ce mot. C'est la formule | notre action est une application.

devoir, par conséquent honorable, mérite nos éloges et nos encouragements, mais non pas notre estime. Car il manque à la maxime de l'action le caractère moral qu'elle ne peut revêtir que si l'on agit non par inclination, mais *par devoir*. Mais supposons que l'âme de ce philanthrope soit voilée par un chagrin personnel, qui éteigne en lui toute compassion pour le sort des autres, supposons qu'ayant encore le pouvoir de faire du bien aux malheureux, sans être touché par leurs souffrances, parce que les siennes l'occupent tout entier, il s'arrache à cette mortelle insensibilité, sans y être poussé par aucune tendance, et se montre charitable non par inclination, mais uniquement par devoir, alors seulement sa maxime aura toute sa pureté, toute sa valeur morale. Bien plus, si un homme, n'ayant reçu de la nature qu'un faible pouvoir de sympathie (mais honnête d'ailleurs), avait un tempérament froid et indifférent aux souffrances des autres, peut-être parce que, sachant opposer aux siennes une patience et une force de caractère toutes particulières, il supposerait chez les autres ou même exigerait d'eux les mêmes qualités; si enfin la nature n'avait pas précisément donné à cet homme (qui ne serait peut-être pas à vrai dire son pire ouvrage) un cœur de philanthrope, ne trouverait-il pas en lui-même l'occasion d'acquérir une valeur morale bien plus haute que s'il avait un tempérament bienfaisant. Je le crois et c'est lorsqu'il ferait le bien, non par inclination mais par devoir, que commencerait à se manifester cette valeur du caractère, vraiment morale et la plus haute sans comparaison[1].

---

1. Kant dit dans la *Critique de la Raison pratique* (*Du concept du souverain bien*, trad. Barni, p. 322; Picavet p. 216): « Ce sentiment même de compassion et de tendre sympathie, quand il précède la considération du devoir et qu'il sert de principe de détermination, est à charge aux personnes bien intentionnées; il porte le trouble dans leurs calmes maximes et leur fait souhaiter d'être délivrées de ce joug et de n'être soumises qu'à la loi de la raison. »

Assurer son propre bonheur est un devoir (au moins indirect), car un homme mécontent de son sort, accablé de soucis de toutes sortes, pourrait facilement, au milieu des besoins qu'il ne peut satisfaire, *être fortement tenté de transgresser ses devoirs*[1]. Mais, dans ce cas encore, sans considérer le devoir, tous les hommes trouvent en eux-mêmes une inclination des plus puissantes et des plus profondes qui les porte vers le bonheur, parce que c'est précisément dans cette idée du bonheur que se résument toutes leurs tendances. Mais les prescriptions qui se rapportent au bonheur ont généralement pour caractère de léser gravement quelques-unes de nos tendances et l'homme ne peut se former aucune idée sûre et précise de cette satisfaction de l'ensemble de ses désirs qu'il appelle le bonheur[2]. Aussi ne doit-on pas s'étonner qu'une seule inclination parfaitement déterminée, quant à la jouissance qu'elle promet et quant à l'époque où elle pourra être satisfaite, puisse l'emporter sur une idée aussi incertaine. Ainsi un homme, un goutteux par exemple, pourra se décider à manger un mets qu'il aime, quitte à souffrir ensuite, parce que le résultat de son calcul, en ce cas du moins, a été de ne pas renoncer à la jouissance de l'instant présent pour l'espoir, peut-être trompeur, du bonheur associé à la santé. Mais, dans ce cas encore, quand même la tendance générale au bonheur ne déterminerait pas sa volonté, quand même il ne serait pas nécessité tout au moins à donner dans ses calculs une place prépondérante à la santé, il resterait, dans ce cas comme dans les autres, une loi qui lui prescrirait de travailler à son bonheur non par incli-

---

1. Kant (*Critique de la Raison pratique : Examen critique*, etc. Barni, p. 279; Picavet, p. 168) dit, dans le même sens, que le bonheur donne les moyens de remplir son devoir, et que la privation du bonheur pousse l'homme à y manquer.

2. Kant reviendra sur cette idée et la développera dans la deuxième section, Voyez p. 48.

nation mais par devoir. Et c'est alors seulement que sa conduite aurait, à proprement parler, une valeur morale[1].

C'est de cette manière sans doute qu'il faut entendre les passages de l'Écriture où il est ordonné d'aimer son prochain, même son ennemi, car l'amour, en tant qu'inclination, ne peut être ordonné. Mais une bienfaisance commandée par le devoir, à laquelle ne nous porte aucune inclination, dont nous détourne même une répugnance naturelle et insurmontable, voilà un amour *pratique* et non *pathologique*[2], qui réside dans la volonté et non dans le penchant sensible, dans les principes de l'action et non dans une compassion amollissante. Un tel amour est le seul qui puisse être ordonné.

Ma seconde proposition[3] est qu'une action faite par devoir, tire sa valeur, *non pas du but que* l'on se propose d'atteindre, mais de la maxime qui la détermine. Cette valeur ne dépend donc pas de la réalité de l'objet de l'action, mais du *principe* en vertu duquel la

---

1. L'idée est la suivante : L'homme qui cherche le bonheur par inclination pourra préférer un plaisir immédiat et certain à l'espérance incertaine d'un bonheur lointain, mais l'homme qui cherche ce même bonheur par devoir ne cédera jamais à une pareille tentation. Par devoir, on préférera toujours la santé, même incertaine, au plaisir du moment, parce que ce plaisir ne peut contribuer en rien à notre vertu, tandis que la santé est une condition favorable pour remplir son devoir.

2. Les mots *praktische* et *pathologische Liebe* sont difficiles à traduire en français. L'amour pathologique ou plutôt passif (car le mot français pathologique implique une idée toute différente de celle que veut exprimer Kant) est celui qui résulte de notre organisation et de notre tempérament et que nous subissons. L'amour pratique est celui que la loi ordonne : il semble consister à agir, par devoir, comme si l'on aimait, plutôt qu'à aimer véritablement. On peut douter que tel soit le véritable esprit de l'Évangile.

3. La première proposition est celle que Kant vient d'énoncer, à savoir qu'une action morale n'a aucune valeur si elle n'est accomplie par devoir, et non pas simplement selon le devoir. La seconde affirme que c'est le principe formel et *a priori* du vouloir qui fait la valeur de l'action, et non le résultat matériel de cette action. De ces deux propositions se déduit la définition du devoir : la nécessité de faire une action par respect pour la loi.

volonté l'a accomplie, abstraction faite de tous les objets du désir. Il résulte clairement de ce qui précède que les buts que nous pouvons nous proposer dans nos actions et que les effets de ces actions, autrement dit que les fins de la volonté et ses mobiles, ne peuvent donner à notre conduite aucune valeur morale absolue. Où peut donc résider cette valeur, si elle ne se trouve pas dans le rapport de la volonté avec un résultat espéré? Elle ne peut résider nulle part ailleurs que dans le *Principe de la volonté*, abstraction faite des fins qui peuvent être réalisées par une telle action. En effet, la volonté placée entre son principe *a priori*, qui est formel, et ses mobiles *a posteriori*, qui sont matériels, est comme entre deux routes; et, comme il faut qu'elle soit déterminée par quelque chose, elle obéira au principe formel du vouloir en général quand l'action sera faite par devoir, puisque, dans ce cas, tout principe matériel lui est enlevé.

Une troisième proposition se dégage des deux précédentes, et je la formule ainsi: *le devoir est la nécessité d'accomplir une action par respect pour la loi.* L'objet, considéré comme effet de l'action que je me propose, peut bien m'inspirer de l'*inclination*, mais *jamais du respect*, et cela précisément parce qu'il s'agit d'un effet et non de l'activité d'une volonté. De même je ne puis avoir de respect pour une inclination en général, qu'il s'agisse de la mienne ou de celle d'un autre; je peux tout au plus l'approuver dans le premier cas et, parfois même, dans le second, l'aimer, c'est-à-dire la considérer comme favorable à mes intérêts. Il n'y a qu'une chose qui puisse devenir l'objet de mon respect et, par suite, un ordre pour moi, c'est ce qui se rattache à ma volonté seulement comme principe et jamais comme effet, ce qui n'est pas utile à mes inclinations mais les dompte ou du moins les exclut totalement de la délibération et de la décision, c'est-à-dire la loi pure et simple. Maintenant, si une action faite par devoir élimine entièrement l'influence de l'inclination et par suite tout objet de la volonté, alors il ne reste plus rien qui puisse déterminer la volonté, sinon la *loi* objectivement, et, subjectivement, le *pur respect*[1] pour cette loi pratique et par conséquent la maxime* suivante : obéir à cette loi, même en faisant violence à toutes mes inclinations.

Ainsi la valeur morale de l'action ne réside pas dans l'effet qui en est attendu; elle ne réside pas non plus dans quelque principe d'action qui emprunterait un motif au résultat espéré. Car tous ces résultats (une situation agréable pour nous-mêmes, l'accroissement du bonheur pour les autres) pourraient être réalisés par d'autres causes; il n'y a pas besoin pour cela de là volonté d'un être raisonnable, volonté dans laquelle seule on peut trouver le bien suprême et inconditionné. La *représentation de la loi* en elle-même, représentation qui ne se réalise, *il est vrai, que chez l'être raisonnable,* à la condition que ce soit cette représentation et non l'espérance d'un résultat quelconque qui détermine la volonté, voilà la seule chose qui constitue ce

---

* La *Maxime* est le principe subjectif de la volonté; le principe objectif (c'est-à-dire celui qui servirait aussi subjectivement de principe pratique à tous les êtres raisonnables, si la raison était entièrement maîtresse de la faculté de désirer) est la *loi* pratique. (Note de Kant.)

1. Kant explique, dans la *Critique de la Raison pratique*, comment la loi morale qui est le seul principe d'une volonté vraiment bonne, peut donner naissance à un mobile, c'est-à-dire à un sentiment, et comment ce sentiment peut avoir de l'influence sur la volonté, sans lui enlever sa valeur morale. Ce sentiment, c'est le respect (*Achtung*) : il ne précède pas le devoir, il en résulte, et c'est pour cela qu'il laisse intacte la pureté des maximes. Voir dans la *Critique de la Raison pratique* (Barni, p. 254, Picavet. p. 136) le passage célèbre sur le respect : « C'est, dit Kant, un tribut que l'on ne peut refuser au mérite. » « C'est si peu un sentiment de plaisir qu'on ne s'y livre pas volontiers à l'égard d'un homme, que l'on cherche quelque chose qui en puisse alléger le fardeau, quelque motif de blâme qui dédommage de l'humiliation causée par l'exemple que l'on a sous les yeux. »

bien si précieux que nous appelons bien moral, bien
qui se trouve dans la personne même qui agit
d'après cette idée, et ne peut pas être attendu seulement du résultat de l'action *.

Mais de quelle nature peut bien être cette loi dont la
représentation doit déterminer la volonté, sans avoir
égard à l'effet attendu, de telle sorte que cette volonté
puisse être appelée bonne absolument et sans restriction ? Comme j'ai dépouillé la volonté de toutes les tendances que pourrait éveiller en elle l'idée des conséquences de l'accomplissement d'une loi, il ne reste plus

* On pourrait m'objecter qu'en employant le mot *respect*, je recours
à un sentiment obscur, au lieu de répondre clairement à la question par
un concept de la raison. Mais, si le respect est un sentiment, ce n'est pas
un sentiment que nous *subissons*, sous quelque influence étrangère ; il
se *produit de lui-même* par l'effet d'un concept de la raison, et se distingue ainsi spécifiquement de tous les sentiments du premier genre qui
se rapportent à l'inclination ou à la crainte. Ce que je reconnais immédiatement comme étant une loi pour une personne, je le reconnais avec
un sentiment de respect qui n'exprime qu'une chose : la conscience de la
subordination de ma volonté à une loi, sans l'intermédiaire d'aucune
influence sensible. La détermination immédiate de la volonté par la loi
et la conscience de cette détermination, voilà ce que j'appelle le *respect*,
en sorte qu'il faut y voir un *effet* de la loi sur le sujet et non la *cause*
de cette loi. A proprement parler le respect est la représentation d'une
valeur qui humilie mon amour-propre. Il s'adresse à une chose qui ne
peut être considérée ni comme un objet d'inclination, ni comme un objet
de crainte, bien qu'il ait quelque analogie avec ces deux sentiments
L'*objet* du respect est donc uniquement la *loi*, je veux dire la loi que
nous nous imposons à *nous-mêmes*, tout en la regardant comme nécessaire en elle-même. Nous nous y soumettons parce que c'est la loi, sans
consulter l'amour de soi, mais comme c'est une loi que nous nous imposons à nous-mêmes, elle est une conséquence de notre volonté ; c'est
pourquoi elle nous inspire d'un côté un sentiment analogue à la crainte,
et de l'autre côté un sentiment analogue à l'inclination. Le respect que
nous avons pour une personne est en réalité le respect de la loi (de
l'intégrité, etc.) dont cette personne nous donne un exemple. Comme
nous regardons comme un devoir de développer nos talents, nous considérons une personne de talent comme étant, elle aussi, un exemple d'une
loi, qui serait d'arriver à lui ressembler en nous exerçant et c'est ce qui
fait notre respect pour elle. Tout ce que l'on appelle *intérêt* moral consiste uniquement dans le *respect* de la loi. (N. de K.)

que la conformité à une loi universelle qui puisse servir de principe à la volonté, c'est-à-dire : je dois toujours agir de telle manière que *je puisse vouloir aussi que ma maxime devienne une loi universelle.* Cette simple conformité à la loi en général (sans poser aucune loi déterminée applicable à des actions déterminées) est ce qui sert de principe à la volonté et aussi ce qui doit lui servir de principe, si le devoir n'est pas une vaine illusion et un concept chimérique. Le bon sens populaire est ici parfaitement d'accord avec moi dans ses jugements pratiques et a toujours devant les yeux le principe auquel nous pensons.

Posons-nous, par exemple, la question suivante : Ne puis-je pas, lorsque je suis dans l'embarras, faire une promesse avec l'intention de ne pas la tenir? Je distingue aisément ici les deux sens que peut avoir cette question : Est-il habile, ou bien est-il conforme au devoir, de faire une promesse trompeuse? Sans doute il peut souvent arriver que le premier cas se présente; à la vérité je vois bien qu'il ne suffit pas d'échapper par cet expédient à l'embarras présent et qu'il faut examiner avec soin si ce mensonge ne m'attirera pas, pour plus tard, des difficultés bien plus grandes que celles dont je me délivre maintenant; et comme, en dépit de toute la *finesse* que je m'attribue, il n'est pas si facile de prévoir toutes les conséquences de cette action, je dois penser que la perte de la confiance des autres peut me faire bien plus de tort un jour que tout le mal que je pense éviter maintenant, je peux me demander enfin s'il ne serait pas plus *habile* de suivre en cette occasion une maxime universelle et de me faire une habitude de ne pas promettre sans avoir l'intention de tenir. Mais il m'apparaît bientôt qu'une pareille maxime repose toujours sur la crainte des conséquences. Or, c'est tout autre chose d'être sincère par devoir, ou de l'être par appréhension des conséquences fâcheuses. Dans le premier cas, en effet, l'idée de l'action en elle-même contient une loi pour moi; dans le second, je dois commencer par regarder autour de moi pour découvrir les conséquences qui peuvent être liées à cette action. Si je m'écarte du principe du devoir je commets certainement une mauvaise action; si je renonce à ma maxime de prudence, je peux y trouver parfois un grand avantage, quoiqu'il soit évidemment plus sûr de lui rester fidèle. Maintenant, si je veux résoudre, de la manière la plus rapide et la plus sûre, le problème de savoir s'il est conforme au devoir de faire une promesse trompeuse, je n'ai qu'à me poser la question suivante : Serais-je content de voir ma maxime (à savoir de me tirer d'embarras par une promesse fallacieuse) prendre la valeur d'une loi universelle (pour moi aussi bien que pour les autres)? Pourrais-je me dire : Chacun peut faire une fausse promesse lorsqu'il se trouve dans un embarras auquel il ne peut échapper autrement? Je me convaincrai bientôt de cette manière que je peux bien vouloir un mensonge, mais non le mensonge érigé en loi universelle. Car, avec une pareille loi, il n'y aurait plus à vrai dire de promesses; il serait inutile d'annoncer mes intentions relatives à ma conduite future à des hommes qui ne croiraient pas à ces déclarations ou qui, s'ils y ajoutaient foi par irréflexion, me paieraient de la même monnaie. Par conséquent ma maxime se détruirait dès que je voudrais l'ériger loi universelle [1]

Je n'ai donc pas besoin d'une perspicacité infaillible pour savoir ce que j'ai à faire afin que ma volonté devienne bonne. Quelle que soit mon inexpé-

---

1. Kant reviendra dans la deuxième section sur ce principe et essaiera de le déduire du concept même d'impératif catégorique. Il faut bien remarquer que ce qui condamne une maxime, comme dit Kant, c'est-à-dire une règle subjective d'action, ce ne sont pas les conséquences fâcheuses qu'elle entraîne, c'est la contradiction qu'elle implique dès qu'elle est transformée en loi universelle.

rience du cours des choses, mon incapacité à parer à toutes les circonstances qui peuvent se produire, je me pose seulement la question suivante : Peux-tu aussi vouloir que ta maxime devienne une loi universelle ? Si tu ne le peux, il faut la rejeter, non pas à cause du dommage qui pourrait en résulter pour toi ou pour les autres, mais parce qu'elle ne peut entrer comme principe dans une législation universelle possible. Or la raison m'impose d'une manière immédiate le respect de cette législation, bien que je ne *voie* pas encore sur quoi elle se fonde (recherche que peut entreprendre le philosophe), mais je puis au moins comprendre que la valeur que j'apprécie est bien supérieure à celle dont on juge d'après l'inclination et que la nécessité d'agir par *pur* respect pour la loi pratique est justement ce qui constitue le devoir, le devoir devant lequel doit s'effacer tout autre motif d'action, parce qu'il est la condition d'une volonté bonne en elle-même et dont la valeur est supérieure à tout.

L'examen des idées morales qui appartiennent à la raison vulgaire nous a donc conduits jusqu'au principe de ces idées, principe que le bon sens ne conçoit pas, il est vrai, sous une forme générale et abstraite, mais qu'il a toujours réellement en vue et qu'il prend pour règle de ses jugements. Il serait facile de montrer comment, cette boussole à la main, l'homme sait parfaitement distinguer en toute occasion ce qui est bien et ce qui est mal, ce qui est conforme ou contraire au devoir. Il suffirait pour cela, sans rien lui apprendre de nouveau, de le rendre attentif, suivant la méthode socratique, à son propre principe. On verrait ainsi qu'il n'a pas besoin de science ni de philosophie pour savoir ce qu'il doit faire pour devenir honnête et bon et même sage et vertueux. D'ailleurs, avant tout examen, on pouvait bien se douter que la connaissance de ce que chacun a l'obligation de faire, et par conséquent de savoir, devait appartenir à chaque homme, même au plus vulgaire. A ce propos on ne peut pas se défendre d'une certaine admiration en voyant à quel point le jugement pratique l'emporte sur le jugement théorique dans la connaissance vulgaire. En matière théorique, dès que la raison vulgaire ose s'écarter des lois empiriques et des données des sens, elle tombe dans le pur inintelligible et dans le contradictoire ou, tout au moins, dans un chaos d'incertitudes, d'obscurités et d'inconséquences. En matière pratique, au contraire, le jugement du vulgaire ne commence à manifester tous ses avantages que lorsque sa raison exclut des lois pratiques tous les mobiles sensibles. Il se montre même alors subtil, soit qu'il veuille ergoter avec sa propre conscience, ou chicaner sur quelque opinion proposée au sujet de ce qui doit être appelé bien, soit qu'il veuille sincèrement déterminer, pour sa propre édification, la valeur de ses actions. Mais ce qui est le principal, c'est que, dans ce dernier cas, il peut espérer aussi bien réussir qu'un philosophe peut se promettre de le faire; bien plus, il procède presqu'avec plus de sûreté que ce dernier, parce que le philosophe, tout en ayant les mêmes principes que l'homme du commun, se laisse embrouiller et détourner de la voie droite par une foule de considérations étrangères à la question. Ne serait-il donc pas plus raisonnable, en matière morale, de s'en tenir au jugement du bon sens vulgaire et de ne recourir à la philosophie que, tout au plus, pour rendre le système des mœurs plus complet et plus facile à saisir, pour en exposer les règles d'une manière plus commode en vue de l'usage (et surtout de la discussion), mais non pour détourner le bon sens vulgaire, même en matière pratique, de son heureuse simplicité, ni pour l'engager par la philosophie dans la voie de recherches et d'enseignements nouveaux.

C'est une chose admirable que l'innocence, il est

triste seulement qu'elle sache si peu se garder et se laisse si facilement séduire. C'est pourquoi la sagesse, — qui d'ailleurs consiste bien plutôt à faire ou ne pas faire qu'à savoir — peut avoir besoin de la science, non pas pour s'instruire auprès d'elle, mais pour assurer à ses prescriptions l'accès des cœurs et leur donner de la stabilité. L'homme sent en lui un puissant contrepoids à tous les commandements du devoir que la raison lui représente comme si dignes de respect : ce sont ses besoins, ses tendances dont il résume dans le nom de bonheur la complète satisfaction. Or la raison lui impose ses prescriptions sans rien promettre aux tendances; sans rien leur concéder, elle repousse avec dédain toutes leurs prétentions si tumultueuses et, en apparence, si justifiées (et qu'aucun ordre ne peut supprimer). C'est de là que naît une *dialectique naturelle*, je veux dire une tendance à chicaner contre ces lois rigides du devoir, à révoquer en doute sinon leur valeur, au moins leur pureté et leur rigueur, et à les plier, autant que possible, au gré de nos désirs et de nos inclinations, c'est-à-dire au fond à les corrompre et à les dépouiller de toute leur dignité, ce que la raison pratique vulgaire elle-même finira toujours par condamner.

C'est ainsi que la *raison vulgaire* de l'humanité, obéissant à des motifs tout pratiques et non à un besoin de spéculation (qui ne la tente guère, tant qu'elle se contente d'être simplement la saine raison), se voit poussée à sortir de son cercle et à s'engager dans le domaine de la *philosophie pratique*. Ce qu'elle veut obtenir, c'est d'être éclairée et clairement renseignée sur la source de son principe, sur sa véritable détermination en opposition avec les maximes fondées sur le besoin et l'inclination. Elle espère ainsi échapper à l'embarras que lui causent des prétentions opposées et au danger de perdre, au milieu des équivoques où elle tombe facilement, toute la pureté de ses principes moraux. Ainsi se développe insensiblement dans la raison pratique vulgaire, lorsqu'elle est cultivée, aussi bien que dans la raison théorique, une *dialectique* qui la contraint à chercher du secours dans la philosophie ; et la première, pas plus que la seconde, ne pourra trouver de repos que dans une critique complète de notre raison [1].

1. Ces pages expliquent le titre que Kant a donné à la première section de son ouvrage : *Passage de la connaissance morale de la raison populaire à la connaissance philosophique.*

DEUXIEME SECTION

PASSAGE DE LA PHILOSOPHIE MORALE POPULAIRE
A LA MÉTAPHYSIQUE DES MŒURS

Bien que nous ayons emprunté jusqu'ici notre conception du devoir à l'usage vulgaire de la raison pratique, il ne faut pas conclure de là que nous l'ayons
considérée comme un concept empirique. Bien au contraire, si nous examinons ce que l'expérience nous
apprend de la conduite des hommes, nous entendrons
bien des personnes se plaindre, et justement nous
l'accordons, de ne pas pouvoir citer un seul exemple
certain de l'intention d'agir purement par devoir. Car
quoique beaucoup d'actions soient *conformes* à ce que
le *devoir* ordonne, on peut toujours douter qu'elles
aient été accomplies vraiment *par devoir* et qu'elles
aient ainsi une valeur morale. Aussi y a-t-il eu de tout
temps des philosophes qui ont nié purement et simplement l'existence de cette intention dans les actions
humaines et qui ont rapporté tous nos actes à un
égoïsme plus ou moins raffiné, sans toutefois révoquer
en doute la justesse du concept de la moralité. Bien
au contraire, ils déploraient profondément la faiblesse
et la corruption de la nature humaine, assez noble d'un
côté pour emprunter la règle de sa conduite à une idée
aussi digne de respect et, de l'autre, trop faible pour la
suivre, de cette nature qui n'use de la raison, dont le
rôle est de lui donner des lois, que dans l'intérêt de
ses penchants, de manière à les satisfaire, soit isolé-
ment, soit (et c'est ce qu'elle peut faire de mieux) en

les conciliant autant que possible les uns avec les autres.

En réalité[1], il est absolument impossible de trouver dans l'expérience un seul cas où l'on puisse prouver, avec une absolue certitude, que la maxime d'une action, d'ailleurs conforme au devoir, ait reposé uniquement sur des principes moraux et sur l'idée du devoir. Il arrive quelquefois sans doute que, malgré l'examen de conscience le plus attentif, nous ne trouvions, en dehors du principe moral du devoir, aucun motif qui ait pu être assez puissant pour nous inspirer telle bonne action ou tel grand sacrifice. Mais on ne peut conclure de là avec certitude qu'une impulsion cachée de l'amour de soi, dissimulée derrière cette idée, n'ait été la véritable cause déterminante de notre volonté. Nous nous flattons volontiers, en nous attribuant faussement des mobiles plus nobles, mais en réalité, même au prix de l'examen le plus rigoureux, nous ne pénétrons jamais jusqu'aux mobiles secrets de nos actes. Or, quand il est question de valeur morale, il ne s'agit pas des actes extérieurs que l'on voit, mais de leurs principes intérieurs que l'on ne voit pas.

On ne peut rendre de service plus précieux à ceux qui se rient de la moralité comme d'une simple chimère de l'imagination humaine exaltée par la vanité, qu'en leur accordant que les concepts du devoir (et d'ailleurs tous les autres concepts auxquels la paresse nous persuade aisément d'appliquer la même interprétation) doivent être tirés de la seule expérience; car ainsi on leur prépare un triomphe assuré. Je veux bien accorder, par sympathie pour l'humanité, que la plupart de

---

1. 1ᵉʳ argument: l'expérience, par laquelle on pourrait essayer de prouver l'existence d'actions accomplies par pur devoir, serait une expérience psychologique. Mais cette expérience est à peu près impossible à faire, parce que nous ne pénétrons jamais complètement les mobiles de nos propres actions, encore moins les mobiles des actions des autres.

nos actions sont conformes au devoir, mais, si l'on examine de plus près le but auquel tendent nos pensées et nos efforts, on rencontre partout le cher Moi qui se montre toujours. C'est à lui que se rapportent nos intentions et non au commandement rigoureux du devoir, qui exigerait bien souvent le renoncement au moi. Sans être ennemis de la vertu, pourvu que nous observions avec sang-froid et ne prenions pas pour le bien lui-même le vif désir que nous avons de voir le bien réalisé, nous nous surprendrons (surtout si le progrès de l'âge et l'expérience ont mûri notre jugement et aiguisé notre esprit d'observation) à douter que l'on puisse rencontrer dans le monde une vertu véritable. La seule chose alors qui puisse prévenir la ruine complète de nos idées morales et maintenir dans notre âme le respect de la loi du devoir, c'est d'être clairement convaincus que, quand même jamais aucune action n'aurait jailli de cette source pure, la question n'est pas de savoir ce qui peut bien arriver, mais que la raison commande par elle-même et indépendamment de tous les phénomènes ce qui doit arriver; ainsi des actions dont le monde n'a peut-être fourni encore aucun exemple, dont la possibilité même peut paraître douteuse à celui qui ramène tout à l'expérience, peuvent être obstinément commandées par la raison : par exemple la loyauté parfaite en amitié n'en serait pas moins exigée de chaque homme s'il n'y avait jamais eu jusqu'ici d'ami loyal, parce que ce devoir, comme devoir en général, antérieurement à toute expérience, est impliqué dans l'idée même d'une raison qui détermine la volonté par des principes *a priori.*

Ajoutons encore ceci[1] : à moins de refuser au con-

1. 2ᵉ argument : la loi morale est universelle, c'est-à-dire qu'elle est valable non seulement pour l'homme mais encore pour tout être raisonnable : elle est de plus nécessaire, donc il n'est pas possible de

cept de la moralité toute vérité et toute valeur objective, on ne peut nier que la loi morale n'ait une portée assez étendue pour s'appliquer nécessairement non seulement aux hommes, mais encore à tous *les êtres raisonnables en général* et cela, non pas sous telle ou telle condition contingente, avec des exceptions possibles, mais d'une manière *absolument nécessaire*, il devient alors évident qu'aucune expérience ne peut nous donner l'occasion de conclure même à la possibilité de pareilles lois apodictiques. Car de quel droit pourrions-nous accorder un respect infini à ce qui n'a peut-être de valeur que dans les conditions contingentes de l'humanité, comme si c'était un précepte universel valable pour toute nature raisonnable? Et comment les lois de la détermination de *notre* volonté pourraient-elles être considérées comme les lois de la détermination de la volonté de tout être raisonnable en général et comme n'ayant qu'à ce titre la valeur de lois pour notre volonté à. nous, si elles étaient purement empiriques et si elles n'avaient pas *a priori* leur origine dans la raison pure mais en même temps pratique ?

Aussi ne pourrait-on rendre à la moralité un plus mauvais service qu'en voulant la tirer d'exemples[1]. Car, quel que soit l'exemple que l'on me propose, il faut le juger d'abord d'après les principes de la moralité, pour savoir s'il est digne de servir d'exemple original, c'est-à-dire de. modèle; il est donc rien impossible d'en tirer comme d'un principe suprême le concept de la moralité. Même le Juste de l'Évangile doit être comparé à notre idéal de perfection morale avant d'être reconnu

---

la fonder sur une expérience limitée à l'humanité.

1. 3ᵉ argument : la preuve que l'on ne peut pas partir des faits particuliers, ou exemples, pour démon-trer la loi morale, c'est que ces exemples, avant d'être utilisés, doivent être jugés, et que ce jugement suppose un principe nécessairement antérieur à tout exemple.

pour tel; aussi dit-il de lui-même : pourquoi dites-vous que je suis bon (moi que vous voyez)? Personne n'est bon (le modèle original du bien), que Dieu seul (que vous ne voyez pas)[1]. Mais d'où tirons-nous le concept de Dieu considéré comme le souverain bien? De la seule *idée* que la raison nous propose *a priori* de la perfection morale et qu'elle unit d'une manière inséparable au concept de volonté libre[2]. L'imitation ne doit jouer aucun rôle en morale; les exemples ne servent qu'à nous encourager, en mettant hors de doute la possibilité de faire ce que la loi ordonne; ils rendent visible ce que la règle pratique exprime d'une manière générale; mais jamais ils ne peuvent nous permettre d'oublier leur véritable original qui réside dans la raison et de nous diriger d'après des exemples.

Si donc il n'y a pas de véritable principe suprême de la moralité qui ne soit uniquement fondé sur la raison pure et indépendant de toute expérience, je crois qu'il n'y a pas même lieu de se   demander[3] s'il est bon d'exposer ces concepts d'une manière générale (*in abstracto*) tels qu'ils existent *a priori*, avec les principes qui s'y rattachent, en supposant que l'on veuille s'élever à une connaissance qui se distingue de la connaissance vulgaire et que l'on puisse appeler philosophique. Mais de nos jours il est peut-être nécessaire de se poser cette question. En effet, si on allait aux voix sur le point de savoir si l'on doit préférer une connaissance rationnelle, détachée de toute expérience, par conséquent une métaphysique des mœurs, ou bien une philosophie pratique populaire, on devine bien vite de quel côté pencherait la balance.

Sans doute il est très louable de s'abaisser jusqu'à des conceptions populaires, mais il faut que l'on ait

---

1. Cf. S' Mathieu, XIX, 17.
2. L'idée même de Dieu, c.-à-d. d'un être absolument bon, suppose l'idée de l'absolue perfection morale.

3. Parce que la réponse (affirmative) est évidente.

commencé d'abord par s'élever jusqu'aux principes de la libre raison, et que l'on ait ainsi donné pleine satisfaction à son esprit. Mais agir ainsi c'est *fonder* la doctrine des mœurs sur la métaphysique, et, après l'avoir solidement établie, la rendre accessible à tous en la popularisant. En revanche il serait parfaitement absurde de vouloir sacrifier à la popularité dès les premières recherches, desquelles dépend la justesse des principes. D'abord, avec une semblable méthode, on ne pourrait jamais prétendre au mérite si rare d'une véritable *popularité philosophique,* car c'est un faible mérite d'être compris par tous quand on renonce à toute vue un peu profonde; de plus on ne mettrait au jour de cette manière qu'un mélange rebutant d'observations glanées çà et là, de principes à demi élaborés par la raison, dont peuvent bien se régaler les esprits vides, qui y trouvent un aliment pour leur bavardage de chaque jour, mais où les clairvoyants ne découvrent que confusion et dont ils détournent les yeux avec humeur, sans savoir quel parti prendre. Quant aux philosophes, qui ne sont pas dupes de ce trompe-l'œil, on ne les écoute guère quand ils veulent nous détourner pour quelque temps de cette soi-disant popularité et qu'ils nous engagent à commencer par nous faire une idée précise des principes, pour avoir le droit de redevenir ensuite populaires.

Que l'on jette un coup d'œil sur les traités de morale composés selon le goût en faveur, on y trouvera tantôt l'idée de la destination particulière de la nature humaine, tantôt l'idée de la nature raisonnable en général, tantôt la perfection, tantôt le bonheur, ici le sentiment moral, là la crainte de Dieu, un peu de ceci, un peu de cela, dans un étonnant mélange; et jamais on ne s'avisera de se demander si c'est bien dans la connaissance de la nature humaine (laquelle ne peut venir que de l'expérience) qu'il faut chercher les principes de la moralité; et, dans le cas où il n'en serait pas ainsi, et où ces principes ne pourraient être découverts qu'*a priori*, indépendamment de toute expérience, seulement dans les purs concepts de la raison et sans qu'on puisse les dériver, même pour la moindre part, d'une autre source, pas un n'aura l'idée de mettre résolument à part cette étude pour en faire une pure science pratique ou (si j'ose employer ce mot si décrié) une Métaphysique des mœurs*; et pour la développer en elle-même jusqu'à ce qu'elle ait atteint toute sa perfection et pour prier le public, qui réclame la clarté populaire, de patienter jusqu'à l'achèvement de cette entreprise.

Une pareille Métaphysique des mœurs, complètement isolée, ne devant rien à l'Anthropologie[1], à la Théologie, à la Physique ou à l'Hyperphysique[2] encore moins à une science des qualités occultes (que l'on pourrait nommer Hypophysique[3]) n'est pas seulement le fondement indispensable de toute théorie un peu précise et un peu sûre des devoirs; mais elle est aussi un desideratum de la plus haute importance pour la pratique de leurs prescriptions. En effet, la pure représentation du devoir et en général de la loi morale, à laquelle ne vient s'ajouter du dehors aucun attrait

---

* On peut, si l'on veut (comme on distingue les mathématiques pures des mathématiques appliquées, la logique pure de la logique appliquée) distinguer également la pure philosophie des mœurs (Métaphysique) de la morale appliquée (à la nature humaine). Cette terminologie nous rappelle tout de suite que les principes moraux ne sont pas fondés sur la nature particulière de l'humanité, mais qu'ils doivent exister en eux-mêmes *a priori*, et que c'est de ces principes qu'il faut tirer les règles pratiques applicables à toute nature raisonnable, et par conséquent aussi à la nature humaine (N. de K.).

---

1. C'est-à-dire à la Psychologie.
2. *Hyperphysique.* Science des principes métaphysiques de la nature.

3. *Hypophysique.* Ce serait la science des qualités occultes qui se dissimuleraient *sous* les apparences sensibles.

empirique, prend sur le cœur humain, par le moyen de la seule raison (qui se rend compte alors qu'elle peut devenir pratique par elle-même), un empire infiniment plus grand que tous les autres motifs que l'on peut rencontrer dans le champ de l'expérience *, à tel point que la conscience de la dignité de cette idée nous inspire le mépris de ces mobiles et nous permet de les dominer peu à peu. Au lieu de cela, soit une doctrine des mœurs bâtarde, mélangeant les mobiles du sentiment et de l'inclination avec les idées de la raison, notre cœur restera hésitant entre des motifs qu'il est impossible de ramener à un principe et qui ne peuvent nous conduire au bien que par hasard s'ils ne nous conduisent pas bien plutôt au mal.

Il résulte clairement de ces considérations que tous les concepts moraux sont purement *a priori* et qu'ils ont leur siège et leur origine dans la raison, dans la raison vulgaire aussi bien que dans celle qui s'élève au plus haut degré de la spéculation; qu'ils ne peuvent être abstraits d'aucune connaissance empirique et, par suite, simplement contingente; que c'est précisément

* J'ai une lettre de feu l'excellent Sulzer où il me demande : quelle peut bien être la cause pour laquelle les Doctrines morales, si convaincantes qu'elles puissent être pour la raison, ont si peu d'action pratique. Je retardai ma réponse afin de me mettre en mesure de la donner plus complète. Mais il n'y en a pas d'autre que celle-ci, c'est que les maîtres ne tirent pas au clair leurs concepts, et que, voulant trop bien faire, rassemblant de tous côtés des mobiles propres à nous exciter au bien, ils gâtent le remède qu'ils voulaient rendre plus énergique. En effet, l'observation la plus vulgaire montre que si on nous présente un acte de probité, accompli par une âme courageuse, sans l'espérance d'aucun avantage dans ce monde ou dans l'autre, et cela malgré les plus fortes tentations de la misère, malgré les séductions de la fortune, cet acte laisse bien loin derrière lui et fait pâlir toute action de même nature à laquelle aurait concouru, pour si peu que ce fût, un mobile étranger, qu'elle élève l'âme et lui inspire le désir d'imiter un tel exemple. Même des enfants, d'âge moyen, éprouvent ce sentiment, et on ne devrait jamais leur exposer leurs devoirs d'une autre manière (N. de K.).

cette pureté de leur origine qui les rend dignes de nous servir de principes pratiques suprèmes; qu'on ne peut y ajouter aucun élément empirique sans diminuer d'autant leur pure influence et la valeur absolue des actions; qu'il est non seulement de la plus impérieuse nécessité au point de vue théorique et en ce qui concerne la pure spéculation, mais aussi de la plus grande importance pratique de puiser ces concepts et ces lois dans la raison pure, de les présenter purs et sans mélange et même de déterminer exactement le domaine de cette connaissance pratique rationnelle ou pure, c'est-à-dire le pouvoir de la raison pure pratique. On ne devra pas ici, comme la philosophie spéculative le permet et quelquefois la trouve nécessaire, faire dépendre les principes de la nature particulière de l'homme; mais les lois morales devant être valables pour tout être raisonnable, c'est du concept universel d'un être raisonnable en général, qu'il faut les déduire. De cette manière la Morale, qui, dans son *application* à l'humanité, a besoin de l'Anthropologie, sera d'abord exposée indépendamment de cette science, comme une pure philosophie, c'est-à-dire comme une métaphysique [1] et cela d'une manière complète (ce que l'on peut certainement faire dans ce genre de connaissance tout à fait abstraite). Il faut bien savoir qu'à moins de posséder cette science, non seulement on essaiera vainement de déterminer, avec une exactitude suffisante pour le jugement spéculatif, les éléments moraux contenus dans tous les actes conformes au devoir, mais que de plus on sera tout à fait incapable dans l'usage pratique ordinaire, surtout si l'on donne un enseignement moral, de fonder la moralité sur ses véritables

---

1. Tout ce passage explique le sens que Kant donne à l'expression *Métaphysique des mœurs*. La *Métaphysique des mœurs*, dont il expose ici les fondements, doit être la science des concepts moraux en tant qu'ils peuvent être déterminés purement *a priori*.

principes et par là de créer des intentions vraiment
morales et de les implanter dans les cœurs pour le
plus grand bien du monde.

Pour nous élever par une gradation naturelle, dans
ce travail, non seulement du jugement moral populaire
(très respectable d'ailleurs) au jugement philosophique
comme cela a été fait ailleurs, mais encore d'une philosophie populaire qui s'arrête dès qu'elle ne peut plus
avancer en tâtonnant (au moyen d'exemples) jusqu'à la
Métaphysique (qui ne se laisse arrêter par rien d'empirique et qui, devant mesurer tout le domaine de cette
connaissance rationnelle, s'élève en tout cas jusqu'à la
région des idées, là où les exemples même nous aban-
donnent), il nous faut poursuivre l'étude de la faculté
pratique de la raison, en partant de ses règles universelles de détermination, jusqu'au point où jaillit de son
sein le concept du devoir et en faire une claire descrip-
tion.

Toute chose dans la nature agit suivant des lois.
Seul un être raisonnable a le pouvoir d'agir d'*après la
représentation* des lois, c'est-à-dire d'après des principes, seul il a une *volonté*. Comme pour dériver les
actions des lois, la *raison* est nécessaire, la volonté
n'est autre chose que la raison pratique. Quand la raison chez un être détermine la volonté d'une manière
infaillible, les actions de cet être auxquelles on reconnaît
une nécessité objective ont également une nécessité
subjective, autrement dit la volonté, chez cet être, ne
peut plus choisir que *cela seulement* que la raison,
affranchie de la tendance, reconnaît comme pratiquement
nécessaire, c'est-à-dire comme bon. Si la raison à elle
seule ne suffit pas à déterminer la volonté, si cette
volonté reste soumise à des conditions subjectives (à certains mobiles) qui ne concordent pas toujours avec celles
qui sont objectives, en un mot, si *en soi* elle n'est pas
absolument conforme à la raison (ce qui est le cas chez

l'homme), alors les actions, reconnues objectivement nécessaires, sont subjectivement contingentes et la détermination d'une telle volonté conformément aux lois objectives est une *contrainte*; c'est-à-dire que le rapport des lois objectives à une volonté qui n'est pas absolument bonne nous apparaît comme la détermination de la volonté d'un être raisonnable qui obéit sans doute à des principes rationnels mais qui, par sa nature, ne s'y conforme pas nécessairement.

La représentation d'un principe objectif comme contraignant la volonté s'appelle un **Impératif**.

Tous les impératifs s'expriment par le verbe *devoir*; ils marquent ainsi le rapport d'une loi objective de la raison à une volonté qui dans sa nature subjective n'est pas nécessairement déterminée par cette loi (une contrainte). Ils disent qu'il serait bon d'accomplir une action ou d'y renoncer, mais ils le disent à une volonté qui n'agit pas toujours pour cette seule raison qu'elle se représente une action comme bonne à accomplir. Or, cela seul est pratiquement *bon* qui détermine la volonté par le moyen des représentations de la raison, c'est-à-dire non par des causes subjectives mais d'une manière objective, par des principes valables pour tout être raisonnable en tant que raisonnable. Le bien se distingue de l'*agréable*, car l'agréable n'influe sur la volonté que par le moyen de la sensation, en vertu de causes purement subjectives, qui n'ont de valeur que pour la sensibilité de tel ou tel, et ne ressemblent en rien au principe de la raison qui est valable pour tous[*].

---

[*] On appelle *inclination* la faculté de désirer, en tant qu'elle dépend des sensations; l'inclination est par conséquent toujours la preuve d'un besoin. On appelle *intérêt* la dépendance d'une volonté qui se détermine d'une manière contingente par rapport à les principes rationnels. Cet intérêt ne se trouve par conséquent que dans une volonté dépendante qui n'est pas par elle-même toujours conforme à la raison; on ne peut concevoir dans la volonté divine aucun intérêt. Mais la volonté humaine elle-même peut prendre un intérêt à quelque chose sans agir pour cela

Une volonté parfaitement bonne serait donc, aussi bien qu'une volonté imparfaite, soumise aux lois objectives (du bien), mais on ne pourrait se la représenter comme *contrainte* à agir conformément à ces lois, parce qu'en vertu de sa nature subjective, elle se déterminerait d'elle-même, d'après la seule idée du bien. C'est pourquoi il n'y a pas d'impératifs qui s'appliquent à la volonté *divine* ni en général à aucune volonté *sainte*. Le mot *devoir* ne convient plus ici parce que la *volonté*, par elle-même, est déjà nécessairement conforme à la loi. Aussi les impératifs sont-ils de simples formules qui expriment le rapport des lois de la volonté en général avec l'imperfection subjective de la volonté de tel ou tel être raisonnable, par exemple de volonté humaine [1].

Tous les *impératifs* ordonnent d'une manière ou bien *hypothétique* ou bien *catégorique* [2]. Les impératifs

par intérêt. D'un côté il s'agit de l'intérêt pratique que l'on prend à l'action, de l'autre il s'agit de l'intérêt pathologique que l'on prend à l'objet de l'action. La volonté apparaît comme dépendante dans le premier cas des principes de la raison considérée en elle-même, dans le second des principes de la raison considérée comme l'esclave de l'inclination; en effet, la raison ne fait, dans ce second cas, que nous donner une règle pratique pour satisfaire le besoin de l'inclination. Ici c'est l'action qui m'intéresse, là c'est l'objet de l'action (en tant qu'il m'est agréable). Nous avons vu dans la première section, que dans une action faite par devoir il ne faut pas envisager l'intérêt qui peut s'attacher à l'objet, mais seulement l'action elle-même et son principe rationnel (sa loi) (N. de K.).

1. Kant veut dire qu'il n'y a d'impératif catégorique que pour une volonté qui reste sujette à l'influence de mobiles subjectifs. Une volonté sainte, c'est-à-dire affranchie de toute tendance naturelle, se conformerait d'elle-même à la loi, sans hésitation et sans effort; il n'y aurait donc pas d'impératif, c'est-à-dire de devoir, pour elle. On peut rapprocher cette idée de celle de Mill et de Spencer qui, bien que se plaçant à un point de vue tout différent de celui de Kant, ont pensé que le devoir était une notion transitoire, qui s'efface à mesure que la volonté devient meilleure. Voir Spencer, *Moraleévolutionniste*, ch. vii, p. 110.

2. Sur la distinction des deux impératifs, voir l'Introduction.

hypothétiques expriment la nécessité pratique d'une action possible comme moyen pour obtenir quelque autre chose que l'on désire (ou qu'il est possible que l'on désire). L'impératif catégorique serait celui qui nous représenterait une action comme objectivement nécessaire en elle-même, indépendamment de toute autre fin.

Comme toute loi pratique nous représente une action possible comme bonne et par suite comme nécessaire pour un sujet capable d'agir par raison, tous les impératifs sont des formules déterminant l'action qui est nécessaire d'après le principe d'une volonté bonne en quelque façon. Dans le cas où l'action ne serait bonne que comme moyen pour *quelque autre chose* l'impératif serait *hypothétique*. Si elle nous est représentée comme bonne *en elle-même* et comme devant être le principe nécessaire d'une volonté conforme en elle-même à la raison, alors l'impératif est *catégorique*.

L'impératif me dit par conséquent quelle est celle de mes actions possibles qui serait bonne ; il représente la loi pratique dans son rapport avec une volonté qui n'accomplit pas immédiatement une action pour cette seule raison qu'elle est bonne, soit que le sujet ne sache pas toujours qu'elle est bonne, soit que le sachant il ait des maximes opposées aux principes objectifs de la raison pratique.

L'impératif hypothétique dit seulement qu'une action est bonne en vue de quelque fin *possible* ou *réelle*. C'est un principe pratique **problématique** dans le premier cas, **assertorique** dans le second. L'impératif catégorique qui déclare une action objectivement nécessaire en elle même, indépendamment de toute intention et de toute fin étrangère, quelle qu'elle soit, à la valeur d'un principe pratique **apodictique**[1].

---

1. *Possible ou réelle* : 1° Dans le | telle fin, ce qui est possible, em-
cas où vous désireriez atteindre | ployez tel moyen ; 2° vous désirez,

On peut concevoir que ce qui ne peut être réalisé que par les forces d'un être raisonnable, puisse devenir une fin pour une volonté quelconque et c'est pourquoi les principes qui nous représentent une action comme nécessaire pour réaliser une fin qu'il est possible d'atteindre par leur moyen, sont dans le fait infiniment nombreux. Toutes les sciences ont une partie pratique qui se compose de propositions établissant que telle ou telle fin est possible pour nous et d'impératifs indiquant la manière de les atteindre. Ces impératifs peuvent être appelés en général impératifs de l'habileté. Il n'est pas question de savoir si le but en question est raisonnable et bon, mais de déterminer ce que l'on doit faire pour l'atteindre. Les principes que suit le médecin pour guérir radicalement son homme et ceux que suit un empoisonneur pour le tuer sûrement sont d'égale valeur en ce sens qu'ils leur servent également à réaliser complètement leur projet. Comme nous ne savons pas dans la première jeunesse quelles sont les fins que nous pourrons avoir à poursuivre plus tard, nos parents se préoccupent avant tout de nous faire apprendre pendant notre enfance *beaucoup de choses* et prennent soin de nous faire acquérir de l'*habileté*, à nous servir des moyens nécessaires pour atteindre *toute espèce* de fins. Ils ne peuvent savoir sûrement si leurs enfants auront jamais à se proposer aucune de ces fins, mais il est *possible* que cela arrive ; et ce souci est si grand

en fait, atteindre cette fin, alors prenez tel moyen. Le jugement problématique a pour formule *S peut être P*, le jugement assertorique *S est P* (en fait), le jugement apodictique *S est nécessairement P*. L'impératif de l'habileté, dont Kant va parler, correspond au jugement problématique : Il est possible qu'un homme poursuive une certaine fin ; s'il la poursuit, il devra recourir à tel moyen. L'impératif de la prudence (seconde forme de l'impératif hypothétique) s'exprime dans un jugement assertorique : En fait tous les hommes veulent atteindre le bonheur ; pour réaliser le bonheur, il faut s'y prendre de telle façon. Enfin, l'impératif catégorique se traduit dans un jugement apodictique. Il est nécessaire, en effet, d'accomplir telle action, pour cette simple raison que le Devoir la commande.

qu'il leur fait d'ordinaire négliger le soin de former et de rectifier le jugement de leurs enfants sur la valeur des choses qu'ils pourront se proposer pour fins.

Il y a pourtant une fin dont on peut supposer que tous les êtres raisonnables la poursuivent réellement, (en tant qu'ils subissent des impératifs comme êtres dépendants), une fin dont il ne faut pas dire qu'ils *peuvent* seulement se la proposer, mais qu'ils se la *proposent* tous par une sorte de nécessité de la nature, cette fin c'est le *bonheur*. L'impératif hypothétique qui nous représente la nécessité pratique d'une action comme moyen pour acquérir le bonheur est **assertorique**. On ne doit pas présenter cet impératif comme nécessaire seulement pour un but incertain et simplement possible, mais pour un but que l'on peut supposer avec certitude et *a priori* chez tous les hommes, parce qu'il convient à leur nature. On peut donner à l'habileté dans le choix des moyens propres à nous assurer la plus grande somme possible de bien-être, le nom de *Prudence**, dans le sens le plus étroit du mot. Ainsi l'impératif qui se rapporte au choix des moyens pour devenir personnellement heureux, c'est-à-dire le précepte de la prudence est toujours *hypothétique*. L'acte n'est pas ordonné d'une manière absolue, mais seulement comme moyen en vue d'une autre fin.

Enfin il y a un impératif qui nous ordonne immédiatement une certaine conduite, sans lui donner comme condition une autre fin que cette conduite permettrait

---

* Le mot prudence est pris dans deux sens différents : tantôt il désigne la prudence dans nos rapports avec le monde, tantôt la prudence personnelle. La première est l'habileté d'un homme à exercer de l'influence sur les autres, de manière à se servir d'eux pour ses fins. La seconde est le talent de réunir toutes ces fins en vue d'obtenir un avantage personnel durable. C'est à cette dernière forme de prudence qu'il faut ramener ce qui fait la valeur de la première; et de celui qui se montrerait prudent dans le premier sens, mais non dans le second, on pourrait dire qu'il est avisé, est rusé, mais qu'en somme il n'est pas prudent (N. de K.).

d'atteindre. Cet impératif est catégorique. Il ne se rapporte pas à la matière de l'acte à ce qui peut en résulter, mais à la forme, au principe dont il résulte; et ce qu'il y a dans cet acte d'essentiellement bon consiste dans l'intention, quel que puisse être le résultat. Cet impératif peut être appelé l'impératif de la moralité.

La manière *différente* dont la volonté est contrainte dans ces trois cas permet de distinguer nettement les volitions qui suivent ces trois sortes de principes. Pour rendre cette différence sensible, je crois que l'on pourrait, en prenant ces principes dans l'ordre où nous les avons présentés, les appeler : les premiers, *règles* de l'habileté, les seconds, *conseils* de la prudence et les troisièmes, *ordres* (*lois*) de la moralité. Car seule l'idée de *loi* implique l'idée d'une *nécessité inconditionnelle*, objective et par suite universelle; et des ordres sont des lois auxquelles il faut obéir, c'est-à-dire que l'on doit suivre, même en dépit de l'inclination. Le mot *conseil* indique, il est vrai, une nécessité, mais une nécessité qui n'est réelle que sous des conditions subjectives et contingentes, suivant que tel homme considère telle ou telle chose comme un élément de son bonheur; au contraire l'impératif catégorique n'est limité par aucune condition et, comme il est absolument, quoique pratiquement, nécessaire, il peut à bon droit être appelé un ordre. On pourrait encore nommer les impératifs du premier genre *techniques* (se rapportant à l'art), ceux du second *pragmatiques** (se rap-

---

* Il me semble que le sens propre du mot pragmatique peut être très exactement déterminé par les considérations suivantes. On appelle pragmatiques les sanctions qui ne dérivent pas, à proprement parler, comme des lois nécessaires du droit des états, mais résultent seulement du souci du bien-être général. L'histoire est traitée au point de vue pragmatique quand elle nous rend prudent, c'est-à-dire quand elle enseigne aux hommes le moyen d'assurer leurs intérêts mieux, ou tout au moins aussi bien que les générations disparues. (N. de K.)

portant au bien-être), et ceux du troisième, moraux (se rapportant à la conduite libre en général, c'est-à-dire aux mœurs).

Maintenant se pose la question suivante : Comment tous ces impératifs sont-ils possibles? La question n'est pas de savoir comment on peut se figurer l'accomplissement de l'action ordonnée par l'impératif, mais seulement comment on peut concevoir la contrainte de la volonté qu'il exprime dans la tâche qu'il propose. Il n'est besoin d'aucune recherche particulière pour expliquer la possibilité de l'impératif de l'habileté. Quiconque veut la fin, veut aussi (si la raison exerce une influence décisive sur sa conduite) les moyens indispensables, nécessaires, qui sont en son pouvoir. Cette proposition, en ce qui concerne la volition, est analytique[1], car dans la volition d'un objet qui est l'effet de mon activité, est déjà contenue ma causalité comme causalité d'une force agissante, c'est-à-dire l'emploi des moyens et l'impératif dégage de l'idée de la volition d'une fin, l'idée des actions nécessaires pour atteindre cette fin. (Il est vrai que pour déterminer les moyens d'arriver à un but proposé, il faut recourir à des propositions synthétiques, lesquelles d'ailleurs se rapportent non au principe, à l'acte même de la volonté, mais à l'objet à réaliser). Que pour partager, d'après un principe certain, une ligne en deux parties égales, je doive des deux extrémités de cette ligne décrire deux

1. Une proposition est analytique quand le prédicat est contenu virtuellement dans la compréhension du sujet, de sorte qu'on peut l'en tirer par analyse. La proposition « qui veut la fin veut les moyens » est analytique, parce que l'attribut « veut les moyens » est implicitement compris dans le sujet « qui veut la fin ». Mais on ne peut pas, au moyen d'une analyse, découvrir que tel moyen est nécessaire pour atteindre telle fin, parce qu'il ne suffit pas d'analyser l'idée de la fin pour y apercevoir le moyen convenable pour la réaliser. C'est pour cela que les propositions qui affirment qu'il faut prendre tel moyen pour arriver à telle fin sont synthétiques. Une proposition synthétique est une proposition dans laquelle l'attribut ne peut pas être tiré par analyse de la notion du sujet.

arcs de cercle qui se coupent, c'est ce que les mathématiques m'enseignent au moyen de propositions synthétiques. Mais que, sachant que ce procédé est le seul moyen d'obtenir l'effet proposé, et ayant la ferme volonté d'obtenir cet effet, je veuille aussi le procédé indispensable pour y réussir, c'est bien là une proposition analytique. Car me représenter une chose comme un effet que je peux réaliser d'une certaine manière et me représenter moi-même comme agissant de cette manière, c'est tout un.

S'il était aussi facile de donner une idée déterminée du bonheur, les impératifs de la prudence se confondraient absolument avec ceux de l'habileté[1], et seraient comme eux analytiques. En effet, on pourrait dire, ici comme tout à l'heure : Qui veut la fin veut aussi (nécessairement, s'il est raisonnable) les seuls moyens qui soient en son pouvoir pour y atteindre. Malheureusement le concept du bonheur est si indéterminé qu'en dépit du désir que nous avons tous d'être heureux, personne ne peut dire avec précision et sans se contredire ce qu'il désire, à proprement parler, et ce qu'il veut. La raison en est que tous les éléments du concept du bonheur sont empiriques, c'est-à-dire qu'ils doivent être empruntés à l'expérience et que pourtant le concept du bonheur implique l'idée d'un tout absolu, d'un maximum de bien-être pour le présent et pour l'avenir entier. Or, il est impossible qu'un être fini, si perspicace et en même temps si puissant qu'on le suppose, se fasse une idée exacte de ce que comporte un pareil vœu : Est-ce la richesse qu'il veut? mais que de soucis, d'envie, d'embûches ne risque-t-il pas d'attirer

---

1. La distinction des deux formes de l'impératif hypothétique vient de ce qu'il n'y a pas de règles sûres pour atteindre au bonheur, comme il y en a, par exemple, pour guérir une maladie ou construire une maison. La volonté de réaliser le bonheur ne contient donc pas en elle-même la volonté d'appliquer telle ou telle règle. On ne peut donner à l'homme qui désire être heureux que des conseils généraux de prudence.

sur lui? Est-ce un savoir étendu et de la pénétration? Mais il n'y gagnera peut-être qu'une vision plus aiguisée de la réalité, qui lui représentera, sous des couleurs d'autant plus effrayantes, des maux encore cachés à ses yeux, mais pourtant inévitables, ou qui rendra plus exigeants encore des désirs qui lui donnent déjà assez à faire. Veut-il une longue vie? mais qui lui garantit que cette vie ne sera pas une longue souffrance? Veut-il au moins la santé? mais combien de fois n'arrive-t-il pas que la faiblesse physique nous préserve des excès dans lesquels une santé parfaite nous eût fait tomber! Bref, personne n'est capable de déterminer, en partant d'un principe et avec une parfaite certitude, ce qui peut le rendre vraiment heureux; il faudrait pour cela une science infinie. Il n'y a donc pas de principes certains que l'on puisse suivre pour se rendre heureux, il n'y a que des conseils empiriques comme, par exemple, de se mettre au régime, d'être économe, poli, réservé, etc., toutes choses dont l'expérience nous apprend que ce sont, tout compte fait, les meilleurs moyens pour s'assurer le bien-être. Il résulte de là qu'à vrai dire les impératifs de la prudence ne peuvent pas ordonner, c'est-à-dire nous représenter d'une manière objective des actions comme pratiquement *nécessaires*. Il faut y voir des conseils (*consilia*) plutôt que des commandements (*præcepta*) de la raison. C'est un problème parfaitement insoluble que de déterminer avec sûreté et d'une manière générale la conduite capable d'assurer le bonheur à un être raisonnable; il n'y a donc pas, à l'égard d'une telle conduite, d'impératif qui puisse ordonner, au sens strict du mot, de faire ce qui rend heureux, parce que le bonheur est un idéal, non pas de la raison, mais de l'imagination et qu'il repose sur des principes purement empiriques, dont on ne peut attendre qu'ils déterminent la conduite nécessaire pour réaliser la totalité d'une série de conséquences en fait infinie. Mais cet impératif de la prudence, si on admettait la possibilité de déterminer exactement les moyens du bonheur, serait un principe pratique analytique. Il ne diffère en effet de l'impératif de l'habileté que sur un point, c'est que dans celui-ci le but est seulement possible, tandis que dans celui-là il est donné comme réel. Mais comme les deux impératifs ordonnent seulement les moyens à prendre pour atteindre un résultat que l'on suppose être voulu comme fin, l'impératif qui commande à celui qui veut la fin de vouloir les moyens, est dans les deux cas analytique. Il n'y a donc aucune difficulté en ce qui concerne la possibilité d'un impératif de ce genre.

En revanche, la question de savoir comment l'impératif de la *moralité* est possible, est indubitablement la seule qui réclame une solution[1]. En effet, cet impératif n'étant pas hypothétique, la nécessité objective qu'il nous présente ne peut s'appuyer sur aucune supposition, comme il arrive pour les impératifs hypothétiques. Il faut bien considérer ici que l'on ne peut démontrer *par aucun exemple*, c'est-à-dire par aucune expérience, qu'il y ait nulle part au monde un impératif de ce genre; il ne faut pas, en effet, perdre de vue que tous ceux qui paraissent catégoriques, peuvent être des impératifs hypothétiques déguisés. Par exemple soit le précepte : Tu ne dois pas faire de promesse trompeuse, admettons que la nécessité de cette défense ne se réduise pas à un simple conseil à suivre pour éviter quelque autre mal, comme si l'on disait : Tu ne dois pas faire de promesses trompeuses afin de ne pas perdre ton crédit si ta déloyauté est dévoilée; admettons qu'une action de ce genre doive être

---

1. Kant se pose la question suivante : L'impératif catégorique n'est pas un fait que l'on puisse établir par l'expérience (comme c'est un fait, par exemple, que tout le monde veut être heureux. Comment donc

considérée comme mauvaise en elle-même et que l'impératif de la défense soit catégorique; je prétends que l'on ne pourra cependant trouver aucun exemple qui prouve avec certitude que, dans ce cas, la volonté est déterminée par la loi et n'obéit à aucun autre mobile, quoiqu'il semble en être ainsi. Car il est toujours possible que la crainte d'avoir à rougir de sa conduite, peut-être aussi quelque sourde appréhension d'autres dangers aient secrètement influé sur la volonté. Comment démontrer par expérience la non existence d'une cause, puisque l'expérience nous apprend seulement que nous ne la percevons pas? Dans ce cas le soi-disant impératif moral, qui, comme tel, paraît catégorique et inconditionnel, ne serait plus en fait qu'un précepte pragmatique, attirant notre attention sur nos intérêts et nous enseignant à les prendre en considération.

Nous aurons donc à rechercher purement *a priori* comment peut être possible un impératif *catégorique*, puisque nous n'avons pas ici l'avantage de trouver cet impératif réalisé dans l'expérience, de telle sorte que nous n'ayons à en rechercher la possibilité que pour l'expliquer et non pour l'établir[1]. En attendant remarquons bien, provisoirement, que seul l'impératif catégorique a le caractère d'une **loi** pratique, tandis que tous les autres impératifs ensemble peuvent bien être appelés des *principes*, mais non des lois de la volonté; en effet ce qu'il est nécessaire de faire uniquement en vue d'atteindre un but quelconque qui m'agrée, peut être considéré en soi comme contingent, car nous pouvons toujours nous affranchir du précepte en renonçant à la fin; au contraire, l'ordre inconditionnel ne laisse

---

[1]. L'impératif n'étant pas un fait il faut l'établir en partant de l'idée établir qu'un tel impératif est réel? Évidemment c'est *a priori* qu'il faut procéder. que nous en avons *a priori*. S'il était donné dans l'expérience, nous nous servirions seulement de cette idée pour en expliquer la nature.

en aucune façon à la volonté la liberté de choisir à son gré le contraire de ce qu'il commande; seul donc il implique cette nécessité que nous cherchons dans une loi.

En second lieu, le principe de la difficulté que soulève cet impératif catégorique ou loi de la moralité (la difficulté d'en apercevoir la possibilité) est très grave. Il constitue, en effet, une proposition pratique synthétique *a priori** [1]; or la difficulté que nous avons trouvée à expliquer la possibilité des propositions de ce genre dans la connaissance théorique peut nous faire prévoir qu'en matière pratique notre tâche ne sera pas beaucoup plus facile.

Pour remplir cette tâche, nous allons chercher d'abord si par hasard le simple concept d'impératif catégorique n'en donnerait pas aussi la formule, formule contenant la proposition qui peut seule être un impératif catégorique; car le problème de la possibilité d'un pareil ordre absolu exigera de nous un effort tout particulier et difficile que nous remettrons à la dernière section de cet ouvrage [2].

* Sans supposer aucune condition venant de quelque inclination, je relie l'acte à la volonté, *a priori*, par conséquent d'une manière nécessaire (mais objectivement, c'est-à-dire en partant de l'idée d'une raison qui exercerait un empire absolu sur tous les mobiles subjectifs). C'est bien là une proposition pratique, qui ne déduit pas analytiquement la volition d'un acte d'une autre volition déjà supposée (car nous n'avons pas une volonté si parfaite), mais qui l'unit immédiatement à l'idée de la volonté d'un être raisonnable, comme quelque chose qui n'y est pas contenu (N. de K.).

1. L'impératif catégorique est une proposition synthétique *a priori*, c'est-à-dire une proposition nécessaire et dans laquelle pourtant le prédicat ne peut être dégagé par analyse de la notion du sujet. Ainsi : la volonté d'un être raisonnable voudra être sincère. Il est nécessaire que l'être raisonnable soit sincère, et pourtant la sincérité n'est pas impliquée dans l'idée de volonté raisonnable, pas plus que l'idée de cause n'est impliquée dans celle de phénomène, et c'est pourquoi la proposition nécessaire : tout phénomène a une cause, est synthétique.

2. Kant, au lieu de répondre tout

Quand je conçois en général un impératif *hypothétique*, je ne sais pas d'avance ce qu'il pourra contenir, je ne le sais que lorsque la condition m'est donnée[1]. Au contraire, dès que je conçois un impératif *catégorique* je sais aussitôt ce qu'il contient. Car l'impératif ne contenant outre la loi que la nécessité de la maxime[*], à savoir de se conformer à cette loi, et cette loi n'étant subordonnée à aucune condition qui la détermine, il ne reste plus que l'universalité d'une loi en général à laquelle la maxime de l'action doive être conforme et c'est cette conformité, à vrai dire que[2], l'impératif nous représente comme nécessaire.

Il n'y a donc qu'un impératif catégorique et en voici la formule : *Agis toujours d'après une maxime telle que tu puisses vouloir en même temps qu'elle devienne une loi universelle.*

Si maintenant de cet impératif unique nous pouvons déduire, comme de leur principe, tous les impératifs du devoir, bien que nous laissions provisoirement sans réponse la question de savoir si ce que l'on appelle devoir n'est pas un concept vide, au moins pouvons-nous expliquer ce que nous pensons par ce concept et ce qu'il veut dire.

---

[*] La *maxime* est le principe subjectif de l'action ; elle doit être distinguée du *principe objectif*, à savoir de la loi pratique. La maxime exprime la règle pratique qui détermine la raison conformément aux conditions du sujet (souvent conformément à son ignorance ou à ses inclinations) ; c'est donc le principe d'après lequel le sujet *agit* ; la loi, au contraire, est le principe objectif valable pour tout être raisonnable, principe d'après lequel *il doit agir*, c'est-à-dire un impératif (N. de K.).

---

de suite à l'embarrassante question qu'il vient de poser, va d'abord développer le concept d'impératif catégorique et chercher les formules dans lesquelles cet impératif, s'il existe, doit nécessairement s'exprimer.

1. Par exemple, quand je sais que vous désirez la santé, je vous commande la tempérance.

2. Le texte porte : *welche gemässheit allein den Imperativ als nothwendig vorstellt.* Le sens semble exiger *der* au lieu de *den*: C'est cette conformité que l'impératif nous représente comme nécessaire.

S'il est vrai que l'universalité de la loi suivant laquelle certains effets se produisent constitue ce que l'on appelle proprement la *Nature*, dans le sens le plus général de ce mot (quant à la forme), c'est-à-dire la réalité extérieure, en tant qu'elle est déterminée par des lois universelles, peut-être pourrait-on aussi exprimer l'impératif universel du devoir ainsi qu'il suit : *Agis comme si la maxime de ton action devait, par la volonté, être érigée en loi universelle de la nature*[1].

Nous allons maintenant prendre pour exemples quelques devoirs en suivant la classification habituelle en devoirs envers soi-même et envers les autres hommes, en devoirs parfaits et devoirs imparfaits[*][2].

1. Un homme, à la suite d'une série de malheurs qui

---

[*] On remarquera ici que je me réserve absolument de classer les devoirs dans une future *Métaphysique des mœurs*, et que je n'adopte ici cette division que parce qu'elle est commode (pour classer mes exemples). D'ailleurs j'entends ici, par devoir parfait, celui qui n'admet aucune exception en faveur de l'inclination, et j'obtiens ainsi des *devoirs parfaits* non seulement extérieurs mais intérieurs, ce qui est contraire à la terminologie acceptée dans les écoles; mais je n'ai pas ici l'intention de justifier cette conséquence, car il est indifférent pour le but que je me propose qu'on y souscrive ou non[3] (N. de K.).

---

1. Kant appelle *Nature*, dans la *Critique de la Raison pure*, un système de choses obéissant à des lois universelles et nécessaires. Ce mot ne s'applique pas seulement au monde physique, il peut aussi s'appliquer à un monde supra-sensible, au monde des purs noumènes. La pensée de Kant est que la loi morale n'est autre chose que la loi des volontés nouménales, c'est-à-dire de la nature intelligible, mais il croit que cette loi peut être en même temps la loi des volontés phénoménales et du monde sensible (cf. *Critique de la Raison pratique* : *Déduction des principes de la raison pure pratique*, Barni, p. 194 Picavet p. 72).

2. Les devoirs parfaits sont les devoirs de stricte justice, devoirs nettement déterminés, sans exceptions et exigibles. Les devoirs imparfaits sont des devoirs indéterminés, n'ayant pas le caractère de stricte rigueur des premiers. Dans les quatre exemples qu'il va donner, Kant se propose de montrer qu'une maxime immorale ne peut être érigée en loi universelle de la nature sans se contredire.

3. Dans la *Métaphysique des mœurs*, Kant classe les devoirs de la manière suivante : 1° *Devoirs de*

l'ont réduit au désespoir, n'éprouve plus que du dégoût pour la vie, mais il est encore assez maître de sa raison pour se demander s'il peut, sans manquer à ses devoirs envers lui-même, attenter à ses jours. Il cherche alors si la maxime de son action peut devenir une loi universelle de la nature. Sa maxime est la suivante : J'admets en principe, par amour pour moi-même, que, si la vie, en se prolongeant, me menace de plus de maux qu'elle ne me promet de joies, je puis l'abréger. Je demande maintenant si ce principe de l'amour de soi peut devenir une loi universelle de la nature. Mais je m'aperçois bien vite qu'une nature dont la loi serait de détruire la vie, en vertu de ce même sentiment dont l'objet est précisément de nous exciter à la conserver, se contredirait elle-même et par suite n'existerait pas comme nature. La maxime en question ne peut donc en aucune façon être érigée en loi universelle et par conséquent elle répugne absolument au principe suprême du devoir.

2. Un autre se voit réduit par le besoin à emprunter de l'argent ; il sait bien qu'il ne pourra pas le rendre,

droit, susceptibles de s'exprimer dans des lois (par exemple le respect de la vie et de la propriété d'autrui), et *Devoirs de vertu*, non susceptibles de s'exprimer dans des lois. Les premiers sont des devoirs stricts, exigibles, donc parfaits, les seconds des devoirs larges, laissant une certaine latitude à notre initiative, non exigibles, donc imparfaits.

Les devoirs de vertu se rapportent à nous-mêmes ou aux autres. Nous devons travailler à nous perfectionner (c'est-à-dire à développer les facultés qui font de nous des personnes morales) et à rendre les autres heureux. En effet, nous ne devons pas nous proposer le bonheur comme fin personnelle, ce serait retomber dans l'utilitarisme : d'autre part, ne pouvant pas perfectionner nos semblables, nous devons tâcher de leur procurer le bonheur, en pensant que le bonheur est une condition favorable à leur perfectionnement.

Les devoirs personnels se divisent en devoirs de l'homme envers lui-même en tant qu'animal, c'est-à-dire être physique, et devoirs de l'homme envers lui-même en tant que personne raisonnable.

Les devoirs envers nos semblables se classent en devoirs d'amour (par exemple être bienfaisant) et devoirs de respect (par exemple ne pas mépriser, calomnier, etc., autrui).

mais il voit bien aussi qu'on ne lui en prêtera pas, s'il ne promet pas formellement de s'acquitter à une époque déterminée. Il est tenté de faire cette promesse, mais il est encore assez consciencieux pour se demander s'il n'est pas défendu et contraire au devoir de se tirer d'embarras par un tel moyen. Supposons qu'il s'y décide, la maxime de son action pourrait alors s'exprimer ainsi : quand je crois avoir besoin d'argent, j'en emprunte et je promets de le rendre, tout en sachant très bien que je ne le ferai jamais. Ce principe de l'amour de soi ou de la convenance personnelle peut bien peut-être s'accorder avec mon bonheur futur, mais la question est de savoir si il est juste. Je convertis donc cette exigence de l'amour de soi en loi universelle et je pose la question suivante : qu'arriverait-il si ma maxime devenait une loi universelle ? je vois aussitôt qu'elle ne pourrait jamais prendre la valeur d'une loi universelle de la nature et s'accorder avec elle-même ; que, bien au contraire, elle se contredirait nécessairement. Car l'universalité d'une loi qui permettrait à tout homme se croyant dans le besoin de promettre n'importe quoi, avec l'intention de ne pas tenir sa promesse, rendrait impossibles les promesses elles-mêmes et l'objet que l'on se propose d'atteindre par leur moyen ; personne en effet ne considérerait plus une promesse comme telle et l'on rirait de ces déclarations, comme d'un vain simulacre.

3. Un troisième possède un talent naturel qui, cultivé, pourrait faire de lui un homme utile à tous les points de vue. Mais, se trouvant dans une situation aisée, il aime mieux se livrer au plaisir que de s'efforcer d'étendre et de perfectionner ses heureuses dispositions naturelles. Cependant il se demande si sa maxime, à savoir de négliger les facultés dont la nature l'a doué, s'accorde aussi bien avec ce que l'on nomme devoir;

qu'avec sa tendance au plaisir. Il voit bien qu'à la vérité une nature, qui aurait une loi universelle de ce genre, pourrait encore subsister, même si l'homme, (comme certains indigènes des mers du Sud), laissait en friche tous ses talents et se résignait à donner sa vie à l'oisiveté, aux divertissements, à la débauche, en un mot au plaisir; mais il est impossible qu'il **veuille** que cette maxime devienne une loi universelle de la nature, ni qu'elle existe en nous à ce titre en vertu d'un instinct naturel. En effet, en sa qualité d'être raisonnable, il veut nécessairement que toutes ses facultés atteignent leur plein développement parce qu'elles lui ont été données et lui servent pour toutes sortes de fins possibles.

Enfin un *quatrième*, dont les affaires sont prospères, voyant d'autres hommes aux prises avec de grandes difficultés (et pouvant fort bien les aider) se dit : que m'importe après tout ? que chacun jouisse du bonheur que le ciel lui accorde ou qu'il peut lui-même se procurer, je ne lui en retirerai aucune parcelle, je ne l'envierai même pas. Mais quant à contribuer à son bonheur, quant à le secourir dans le malheur, je ne m'en soucie nullement. Supposons maintenant que cette manière de penser devienne une loi universelle de la nature, l'espèce humaine subsisterait sans doute et bien mieux, certes, que si chacun parlait de sympathie et de bienveillance, s'empressait même à l'occasion d'exercer ces vertus, mais en revanche ne se faisait pas faute de tromper quand il le pourrait, de vendre les droits d'autrui ou de les violer. Mais quoiqu'il soit possible qu'une loi de la nature conforme à cette maxime puisse subsister, on ne peut pourtant pas **vouloir** qu'un pareil principe ait partout la valeur d'une loi de la nature. Car une volonté qui voudrait une telle chose se contredirait elle-même : il peut en effet se présenter bien des circonstances où nous ayons besoin de l'affection et de la sympathie des autres et alors, en vertu de cette même loi née de notre volonté, nous nous enlèverions toute espérance d'obtenir le secours que nous désirerions pour nous-mêmes[1].

Voilà quelques-uns de nos nombreux devoirs réels ou du moins considérés par nous comme tels; il est clair qu'on peut les ramener au principe que nous avons posé. Il faut que nous *puissions vouloir* que toute maxime de notre action devienne une loi universelle : Tel est le canon du jugement moral que nous portons sur elle. Il y a des actions dont la nature est telle que leur maxime ne peut même pas être *conçue* sans contradiction comme loi universelle de la nature, bien loin que l'on puisse *vouloir* qu'elle *doive* prendre un tel caractère. Dans d'autres cas on ne se heurte pas, il est vrai, à cette impossibilité interne, et pourtant il est impossible de *vouloir* que la maxime des actes en question acquière l'universalité d'une loi de la nature, parce qu'une telle volonté se contredirait elle-même. On voit facilement que le premier genre d'actions est contraire au devoir strict et étroit (dont on ne peut se dispenser), le second au devoir large (méritoire). Ainsi

---

1. Dans les deux premiers exemples, la maxime universalisée se détruit immédiatement elle-même et ne peut pas même être conçue comme loi de la nature. Dans les deux derniers on pourrait à la rigueur concevoir une nature dont la maxime égoïste universalisée serait la loi, néanmoins la volonté raisonnable qui adopterait cette maxime aboutirait encore à se contredire. Dans le premier cas en effet, elle voudrait une chose qui l'empêcherait d'atteindre son plein développement, elle se nierait donc en quelque sorte elle-même. Dans le second, en refusant de s'intéresser aux malheureux, elle s'exposerait à ne plus trouver chez les autres, en cas de besoin, la pitié que l'on aurait en vain cherchée chez elle-même : or la volonté de l'être raisonnable ne peut pas, sans se contredire, vouloir une chose qui pourrait avoir un jour pour conséquence de rendre son propre développement difficile, sinon impossible. Kant dit dans la *Doctrine de la vertu* (2ᵉ partie de la *Métaphysique des mœurs*) : « Je veux que chacun soit bienveillant à mon égard, je dois donc être bienveillant pour chacun ». Cf., *Doctrine de la vertu*, livre II, ch. 1, *Du devoir de bienfaisance.*

les exemples que nous avons pris montrent bien comment tous les devoirs, en ce qui concerne la nature de l'obligation qu'ils nous imposent (et non l'objet de l'action), appar..issent comme réductibles au seul principe que nous avons posé.

Faisons bien attention à ce qui passe en nous chaque fois que nous manquons à un devoir; nous découvrirons qu'en réalité nous ne voulons pas que notre maxime devienne une loi universelle, parceque cela nous est impossible; loin de là, nous prétendons que le contraire de cette maxime continue à passer pour une loi universelle, nous prenons seulement la liberté d'y faire une *exception* pour nous (ou pour cette fois seulement) en faveur de notre inclination. Par suite, si nous voulions considérer les choses d'un seul et même point de vue, je veux dire du point de vue de la raison, nous apercevrions une contradiction dans notre propre volonté : en effet nous voulons qu'un certain principe soit objectivement nécessaire comme loi universelle et que subjectivement il n'ait aucune valeur universelle mais souffre des exceptions. Mais, comme en réalité nous nous plaçons à deux points de vue différents pour considérer une seule et même action, d'un côté au point de vue d'une volonté entièrement conforme à la raison et de l'autre au point de vue d'une volonté affectée par l'inclination, il n'y a pas ici de véritable contradiction, il n'y a qu'une opposition entre l'inclination et les préceptes de la raison (*antagonismus*), opposition par laquelle l'universalité du principe (*universalitas*) se transforme en une simple généralité (*generalitas*) de telle manière que le principe pratique de la raison et la maxime doivent se rencontrer à moitié chemin [1]. Or quoique ce compromis ne se justifie guère si nous

---

[1]. La maxime attribue à la règ.e une valeur, sinon universelle, au moins générale, tout en donnant satisfaction à l'inclination égoïste, elle est donc une sorte de compromis entre l'inclination et le devoir.

voulons le juger impartialement, il prouve seulement une chose à savoir que nous reconnaissons vraiment la valeur de l'impératif catégorique, mais qu'en dépit du respect que nous professons pour lui, nous nous permettons d'y faire seulement quelques exceptions insignifiantes, à ce qu'il nous semble, et que la nécessité nous impose.

Nous avons, semble-t-il, au moins réussi à prouver que, si le devoir est un concept ayant une signification et contenant une véritable législation pour notre conduite, il ne peut s'exprimer que dans des impératifs catégoriques et nullement dans des impératifs hypothétiques; en même temps nous avons déterminé clairement, et c'est un grand point, le contenu de l'impératif catégorique qui doit renfermer le principe de tous les devoirs (s'il y a vraiment des devoirs), et cela pour toutes ses applications. Mais nous ne sommes pas parvenus à démontrer *a priori* qu'un tel impératif existe réellement, qu'il y a une loi pratique qui commande par elle-même d'une manière absolue et indépendamment de tout mobile et que l'observation de cette loi est le devoir [1].

Si nous voulons arriver à ce but, il est de la plus haute importance d'être bien averti d'une chose, c'est qu'il ne faut pas songer à vouloir dériver la réalité de ce principe de la *constitution particulière de la nature humaine*. Car le devoir doit être la nécessité pratique

---

1. Nous avons déjà expliqué la marche de la démonstration de Kant : S'il y a un devoir, ce ne peut être qu'un impératif catégorique, et s'il y a un impératif catégorique, ce ne peut être qu'une loi universelle. Mais y a-t-il vraiment un devoir, un impératif catégorique? Kant n'abordera de front cette question que dans la troisième section. Dans les pages qui suivent il va revenir sur cette idée que le principe de la morale doit être absolument pur de tout élément empirique; il sera ainsi amené à se demander quelle peut être la fin d'une volonté vraiment raisonnable, c'est-à-dire absolument dégagée de tout motif empirique, et il découvrira que cette fin ne peut être que la volonté, c'est-à-dire la personne raisonnable elle-même. Ce sera la deuxième formule de l'impératif catégorique.

inconditionnée de l'action ; il doit donc être valable pour tous les êtres raisonnables (les seuls auxquels un impératif puisse s'appliquer), et c'est *pour cela seulement* qu'il peut être une loi pour toute volonté humaine; au contraire tout ce qui dérive de la constitution particulière de l'humanité, de certains sentiments ou penchants, ou même, en supposant que cela soit possible, d'une disposition particulière qui serait propre à la raison humaine et ne s'appliquerait pas nécessairement à la volonté de tout être raisonnable, tout cela peut bien donner lieu à une maxime valable pour nous seuls, mais non à une loi; à un principe subjectif que nous sommes peut-être *inclinés* à suivre, mais non à un principe objectif d'après lequel nous sommes tenus d'agir en dépit de tous nos penchants, tendances et dispositions naturelles. Bien plus la sublimité, la dignité intime du commandement du devoir éclate d'autant plus que nous sommes moins aidés par les motifs subjectifs, que nous sommes davantage contrariés par eux, sans qu'ils réussissent pourtant à affaiblir le moins du monde la nécessité de la loi ni à rien enlever à sa valeur.

La philosophie nous apparaît ici dans une fâcheuse situation : cherchant un point d'appui solide, elle ne peut ni trouver dans le ciel un point où se suspendre ni prendre pied sur la terre [1]. Il faut donc qu'elle montre toute sa pureté en tirant d'elle-même ses propres lois au lieu de se faire le héraut de celles que lui suggère un sens inné ou je ne sais quelle nature tutélaire; car toutes celles-ci ensemble, quoique valant sans doute mieux que rien, seraient incapables de fournir des principes que puisse dicter la raison et auxquels leur origine purement *a priori* puisse assurer

---

1. *Unerachtet er weder im* | *was gehängt oder woran gestützt*
Himmel, noch auf der Erde an et- | *wird.*

cette autorité impérative, par laquelle ne demandant rien à l'inclination de l'homme, ils attendent tout de la puissance suprême de la loi et du respect que nous lui devons et condamnent l'homme en cas contraire au mépris et à l'horreur de lui-même.

Ainsi tout élément empirique ajouté au principe de la moralité n'est pas seulement inutile mais encore dangereux pour la pureté des mœurs; car ce qui fait la valeur toute particulière et inappréciable d'une volonté absolument bonne, c'est justement l'indépendance du principe de l'action à l'égard de toutes les influences des principes contingents que l'expérience peut fournir. On ne saurait trop ni trop souvent mettre l'homme en garde contre cet abandon de soi-même, contre cette bassesse de la pensée qui l'invite à chercher le principe de sa conduite parmi les motifs et les lois empiriques. Car la raison humaine se repose volontiers de ses fatigues sur cet oreiller et, dans ses rêves, trompée par de douces illusions, qui au lieu de Junon, lui font embrasser un nuage, elle substitue à la moralité une sorte de monstre bâtard, composé de membres hétérogènes, qui ressemble à tout ce que l'on voudra sauf à la vertu, pour celui-là du moins qui l'a une fois contemplée sous sa véritable forme [*].

La question qui se pose est donc la suivante : Est-ce une loi nécessaire pour *tous les êtres raisonnables* de juger toujours leurs actions d'après des maximes telles qu'ils puissent vouloir qu'elles servent de lois universelles ? S'il existe une telle loi, elle doit être liée (entiè-

---

[*] Contempler la vertu sous sa forme véritable, ce n'est pas autre chose que se représenter la moralité pure de tout mélange d'éléments sensibles, et dépouillée de toute la vaine parure que peuvent lui prêter des récompenses et l'amour de soi. Combien alors elle obscurcit tout ce qui paraît si charmant à l'inclination, c'est ce dont chacun pourra se rendre compte s'il essaie le moins du monde de *sonder* sa raison, et si cette raison n'a pas perdu tout son pouvoir d'abstraction (N. de K.).

rement *a priori*) au concept de la volonté d'un être
raisonnable en général [1]. Mais pour découvrir ce lien,
il faut bien, malgré qu'on en ait, faire un pas vers la
Métaphysique, vers une partie de la Métaphysique, il
est vrai, qui est bien différente de la philosophie spéculative, je veux dire vers la Métaphysique des
mœurs [2]. Comme il s'agit maintenant d'une philosophie pratique dans laquelle nous n'avons pas à déterminer les principes de ce qui *arrive* mais les lois de
ce qui *doit arriver*, quand même cela n'arriverait jamais,
c'est-à-dire des lois pratiques objectives, nous n'avons
pas besoin de nous mettre à chercher pourquoi une
chose plaît ou déplaît, en quoi le plaisir de la simple
sensation diffère du goût et si celui-ci est autre chose
qu'une satisfaction universelle de la raison; sur quoi
repose le sentiment du plaisir et de la peine et comment de ce sentiment naissent des désirs et des tendances, lesquelles avec le concours de la raison engen-
drent des maximes : car toutes ces recherches appartiennent à une science empirique de l'âme [3], laquelle
constituerait la seconde partie de la science de la
nature, si on voulait considérer cette science comme
une *Philosophie de la nature*, qui se fonderait sur
des *lois empiriques*. Ici au contraire c'est de lois pratiques objectives qu'il est question, c'est-à-dire du rapport de la volonté avec elle-même en tant que cette
volonté se détermine par la seule raison, et tout ce qui
a quelque rapport avec l'expérience disparaît de soi-
même; car si la *raison* détermine *à elle seule* la conduite (ce dont nous allons maintenant examiner la
possibilité), elle doit le faire nécessairement *a priori* [4].

1. C'est, en effet de l'idée de la volonté de l'être qui est une pure
raison, affranchie de tout mobile
sensible, qu'il faut partir pour démontrer l'universalité de la loi morale.

2. La Métaphysique des mœurs
est ici la science qui découvre le
principe même de la moralité.

3. Cette science est l'*Anthropologie*.

4. Il ne peut y avoir de principe

La volonté[1] est conçue comme la faculté de se déterminer soi-même à agir *conformément à la représentation de certaines lois*. Une telle faculté ne peut se trouver que chez les êtres raisonnables. Or ce qui sert à la volonté de principe objectif de sa détermination c'est la *fin* et cette fin, si elle est posée par la seule raison, doit être valable pour tous les êtres raisonnables. Au contraire ce qui ne contient que le principe de la possibilité de l'action dont l'effet est un but s'appelle le *moyen*. Le principe subjectif du désir est le *mobile*, le principe objectif du vouloir le *motif*; de là la différence entre les fins subjectives, qui reposent sur des mobiles, et les fins objectives, qui se rapportent à des motifs valables pour tout être raisonnable. Les principes pratiques sont *formels* s'ils font abstraction de toutes les fins subjectives; ils sont *matériels* s'ils donnent comme principe à l'action des fins subjectives et par suite certains mobiles. Les fins qu'un être raisonnable se propose à son gré comme *effets* de ses actes (fins matérielles) sont toujours relatives; car ce qui leur donne leur valeur c'est seulement leur rapport avec un état particulier de la faculté de désirer du sujet; aussi ne peuvent-elles fournir des principes universels valables et nécessaires pour tous les êtres raisonnables, ni même pour toutes les volitions d'une même personne, c'est-à-dire des lois pratiques. Toutes ces fins relatives ne donnent donc lieu qu'à des impératifs hypothétiques.

Mais admettons qu'il y ait une chose *dont l'existence ait par elle-même une valeur absolue* et qui, *comme fin en soi*, puisse devenir le fondement de certaines lois, c'est dans cette chose et dans elle seulement que pourrait résider le principe de la possibilité

---

pratique suprême différent des lois de la nature, que s'il y a des êtres ayant une valeur absolue.

[1]. Kant arrive ici à l'exposition de la deuxième formule de l'impératif.

d'un impératif catégorique, c'est-à-dire d'une loi pratique[1].

Or je dis : L'homme, et, d'une manière générale, tout être raisonnable, *existe* comme fin en soi et *non pas seulement comme moyen* pour servir à l'usage arbitraire de telle ou telle volonté. Dans toutes ses actions, qu'elles se rapportent à lui-même ou à d'autres êtres raisonnables, il doit toujours être en même temps considéré *comme fin*. Tous les objets de l'inclination ont seulement une valeur conditionnelle, car, si nos inclinations et les besoins qui en dépendent n'existaient pas, leurs objets seraient sans valeur. Mais les tendances, sources du besoin, sont si loin d'avoir la valeur absolue qui les rendrait désirables en elles-mêmes, que, bien au contraire, le souhait général de tous les êtres raisonnables doit être de s'en trouver entièrement délivrés. Ainsi la valeur de tous les objets que nous pouvons nous *procurer* par notre activité est toujours conditionnelle. Les êtres dont l'existence dépend, non pas il est vrai de notre volonté, mais de la nature n'ont également, s'ils sont privés de raison, qu'une valeur relative comme moyens. Ces êtres s'appellent à cause de cela des *choses*, tandis que les êtres raisonnables s'appellent des *personnes*, parce que leur nature même les distingue et en fait des fins en soi, c'est-à-dire quelque chose qui ne doit pas être employé comme un simple moyen, et qui, par conséquent, impose une limite au bon plaisir de chacun (et est un objet de respect). Ces êtres raisonnables ne sont donc pas simplement des fins subjectives dont l'existence, résultat

1. La troisième section établira que le principe sur lequel repose la possibilité de l'impératif catégorique, c'est notre nature d'être intelligible, c'est-à-dire absolument affranchi des lois de la nature, sensible donc absolument libre. Kant va montrer que c'est en somme cette nature intelligible, nouménale, conçue par la raison comme ayant une valeur absolue, qui est la fin de la volonté raisonnable. Que faut-il que veuille une volonté raisonnable ? Réponse : elle-même.

de notre activité, n'a de valeur que *pour nous*, ce sont des *fins objectives*, c'est-à-dire des choses dont l'existence est en elle-même une fin et une fin telle, à vrai dire, qu'on ne peut lui en substituer aucune autre par rapport à laquelle elle servirait seulement de moyen; car autrement on ne trouverait jamais rien qui eût une *valeur absolue*; mais si toute valeur était conditionnée et par suite contingente, la raison ne pourrait plus trouver nulle part de principe pratique suprême.

Si donc il existe un principe pratique suprême, et, en ce qui concerne la volonté humaine, s'il y a un impératif catégorique, cet impératif doit s'appuyer sur la représentation de ce qui est *fin en soi*, de ce qui par suite est nécessairement une fin pour chaque homme, afin d'en faire le principe objectif de la volonté; c'est à cette condition qu'il pourra devenir une loi pratique universelle. Le fondement de ce principe est que la *nature raisonnable existe comme fin en soi*; c'est ainsi que nécessairement l'homme se représente sa propre existence, et, en ce sens, ce principe est un principe subjectif de l'activité humaine. Mais tout autre être raisonnable se représente aussi de la même manière sa propre existence, en vertu du même principe rationnel, qui m'a guidé moi-même[*]; par conséquent ce principe est en même temps un principe objectif dont toutes les lois de la volonté doivent être dérivées comme de leur source suprême. L'impératif pratique s'exprimera donc ainsi : *Agis toujours de manière à traiter l'humanité, aussi bien dans ta personne que dans la personne des autres, comme une fin et à ne t'en servir jamais comme d'un simple moyen.* Nous allons voir s'il est possible d'appliquer cette formule.

Pour nous en tenir aux exemples déjà employés plus

[*] J'avance cette proposition comme un postulat. On trouvera dans la dernière section es raisons sur lesquelles elle s'appuie. (N. de K.)

haut, et en commençant par les devoirs nécessaires envers soi-même : *Premièrement*, celui qui médite le suicide devra se demander si une telle action peut s'accorder avec l'idée de l'humanité conçue *comme fin en elle-même*. Si pour échapper à une situation difficile, il se détruit lui-même, il se sert d'une personne comme d'*un simple moyen* pour conserver jusqu'à la fin de sa vie un état supportable[1]. Mais l'homme n'est pas une chose dont on puisse user *seulement* comme d'un moyen, il doit dans toutes ses actions se considérer comme fin en soi. Je ne peux donc pas disposer de l'humanité dans ma personne, la mutiler, la dégrader, la détruire (Il serait nécessaire de déterminer exactement ce principe pour éviter tout malentendu, par exemple dans le cas où pour sauver mes jours je consens à l'amputation d'un membre, où j'expose ma vie à un danger en vue de la conserver[2]; mais je passe maintenant sur ces difficultés qui regardent la morale proprement dite).

Secondement, pour ce qui est du devoir nécessaire ou strict envers autrui, celui qui songe à faire aux autres une promesse trompeuse s'apercevra tout de suite qu'il veut se servir d'un autre homme comme d'*un simple moyen*, comme si cet homme ne contenait pas en lui-même une fin en soi ; car cet homme que je veux faire servir à mes desseins, au moyen d'une telle

---

1. Singulier raisonnement. Il faut, pour comprendre la pensée de Kant, distinguer en nous deux personnes : la personne humaine considérée comme ayant une valeur absolue, c'est-à-dire la personne raisonnable qui conçoit le devoir (ce que Kant appelle l'humanité en nous), et la personne physique ou empirique (l'animal en nous). Or l'homme qui se suicide sacrifie les fins de la personne raisonnable aux fins de la personne empirique qui veut cesser de souffrir. Voir *Doctrine de la vertu*, 1re Division (*Devoirs envers soi-même*).

2. Dans la *Doctrine de la vertu*, Kant autorise ces suicides partiels quand ils sont nécessaires pour atteindre un but moral, par exemple sauver mes jours ; il les défend quand ils ont pour but un vil intérêt, par exemple ; se faire arracher une dent, couper les cheveux, pour les vendre.

promesse, ne pouvant en aucune façon consentir aux procédés que je veux employer à son égard, ne contient donc pas en lui-même la fin de cette action. Cette violation du principe de l'humanité chez autrui est encore plus frappante si l'on prend pour exemples des attentats contre la liberté ou la propriété des autres. Car alors, il est évident que celui qui viole les droits des hommes a l'intention de se servir de la personne des autres comme d'un simple moyen, sans considérer que des personnes raisonnables doivent toujours être traitées aussi comme des fins, c'est-à-dire doivent pouvoir contenir en elles-mêmes la fin de cette même action*.

En *troisième lieu*, pour ce qui est du devoir contingent (méritoire) envers soi-même, il ne suffit pas que notre action ne soit pas en contradiction avec l'idée de l'humanité dans notre personne considérée comme fin en soi, il faut encore qu'elle s'*accorde* avec cette idée. Or, il y a dans l'humanité des dispositions à une plus grande perfection[1], lesquelles se rapportent aux fins que la nature poursuit relativement à l'humanité dans

---

* On ne doit pas imaginer ici que le précepte vulgaire : *quod tibi non vis fieri* [ce que tu ne veux pas que l'on te fasse, etc.], puisse servir de règle directrice. Car ce précepte ne peut dériver que du nôtre, et encore avec différentes restrictions ; il ne peut devenir loi universelle, car il ne contient pas le principe des devoirs envers soi-même ni celui des devoirs de charité envers autrui (car bien des personnes renonceraient volontiers à la bienfaisance des autres hommes, à la condition d'être dispensées de se montrer bienfaisantes pour eux), il ne contient pas non plus le principe des devoirs de justice envers autrui ; car le criminel pourrait en tirer argument contre le juge qui le punirait. (N. de K.)

1. Kant parle ici un langage qui ressemble singulièrement à celui des moralistes de la perfection. La fin de notre activité doit être le plus grand développement possible de la personne raisonnable en nous. Mais pour lui cette perfection est une fin qui n'a rien d'empirique, rien de nature), comme dans la morale de la perfection ; ce n'est pas l'épanouissement de l'ensemble de nos facultés pour elles-mêmes, c'est l'affranchissement de tout ce qui est empirique, afin de réaliser ce qu'il appellera, dans la *Critique de la Raison pratique*, la sainteté de la volonté. Voir *Doctrine de la vertu*, 1re Division.

notre personne. En les négligeant, nous pourrons sans doute respecter le devoir de *conserver* l'humanité, conçue comme fin en soi, mais non celui de développer l'accomplissement de cette fin.

En *quatrième lieu*, en ce qui concerne le devoir méritoire envers autrui, nous savons que la fin naturelle que poursuivent tous les hommes est leur propre bonheur. Or l'humanité pourrait à vrai dire subsister si personne ne travaillait au bonheur des autres, à la condition de ne porter aucune atteinte intentionnelle à ce bonheur. Mais si chacun ne s'efforçait pas de contribuer autant qu'il le peut aux fins de ses semblables, l'accord d'une telle conduite avec l'idée de *l'humanité comme fin en soi* serait seulement négative et non positive. Car si un sujet est fin en soi, l'idée de cette finalité ne peut acquérir en moi *toute* son efficacité que si les fins de ce sujet deviennent autant que possible *les miennes*[1].

Ce principe suivant lequel l'humanité et toute nature raisonnable en général sont conçues comme *fins en soi* (et là est la condition suprême qui limite la liberté des actes de chaque homme), ce principe n'est pas emprunté à l'expérience, d'abord parce qu'il est universel ; il s'applique en effet à tous les êtres raisonnables, or aucune expérience ne suffit à légitimer un tel caractère; en second lieu parce qu'il nous fait voir dans l'humanité non pas une fin purement humaine (subjective), c'est-à-dire un objet qu'en fait on prend comme fin, mais une fin objective que nous nous représentons, quelles que puissent être nos fins particulières, comme une loi ou condition suprême, limitant toutes les fins subjectives.

---

1. Si je me pénètre de l'idée de l'humanité fin en soi, je ne peux pas me contenter de ne pas porter atteinte à la personne humaine chez autrui, je dois renoncer à me séparer du reste de l'humanité et m'efforcer de concevoir l'identité des fins des autres hommes avec les miennes. Kant dit dans la *Doctrine de la vertu*, livre II, ch. 1er *du Devoir de bienfaisance* : Etant tous hommes, nous devons tous nous considérer comme des êtres raisonnables réunis par la nature dans une demeure unique, **pour nous** aider réciproquement.

Or une pareille idée ne peut dériver que de la raison pure. En effet, le principe de toute législation pratique réside *objectivement dans la règle* et dans la forme de l'universalité, qui en fait un système de lois véritables (lois de la nature) d'après le premier principe ; *subjectivement* il réside dans *le but*. Mais le sujet de toutes les fins c'est, d'après le second principe, chaque être raisonnable comme fin en soi. De là résulte le troisième principe pratique de la volonté, comme condition suprême de l'accord de cette même volonté avec la raison pratique universelle, à savoir *l'idée de la volonté de chaque être raisonnable conçue comme volonté législatrice universelle*[1].

D'après ce principe nous rejetons toutes les maximes qui ne peuvent s'accorder avec la législation universelle propre à chaque volonté. La volonté n'est donc pas simplement soumise à la loi, elle y est soumise de telle façon qu'elle soit *législatrice*[2] et c'est dans ce sens seulement qu'elle doit être regardée comme subordonnée à cette loi (dont elle peut se considérer comme l'auteur).

Les impératifs, tels que nous venons de les représenter, c'est-à-dire constituant une législation pratique semblable en général à *l'ordre de la nature*[3], ou accor-

---

1. Nous avons expliqué dans l'Introduction comment cette troisième formule de l'Impératif se déduit des deux premières par une sorte de synthèse, procédé cher à Kant.

2. Cette idée de volonté législatrice va conduire Kant à un principe qu'il déclare fondamental et qui est, en effet, pour lui la clef de toute la moralité, le principe de *l'Autonomie*, identique à la liberté.

3. Kant assimile volontiers les lois de la morale aux lois de la nature, par exemple quand il dit :

« Toute chose dans la nature agit suivant des lois, seul un être raisonnable agit d'après la représentation des lois. » (P. 40). Dans son esprit les lois morales constituent la législation naturelle des Nouménes, comme les lois physiques constituent la législation naturelle des phénomènes, et même les deux systèmes des lois pourraient avoir, quoi qu'on ne puisse pas le démontrer, la même origine dans le principe transcendant de l'unité universelle. Seulement, tandis que la volonté phénomène obéit nécessairement à la législation empirique,

dant aux êtres raisonnables, considérés en eux-mêmes, le *privilège de la finalité en soi*, ces impératifs excluaient du principe de leur autorité tout mélange de mobiles intéressés, par cela même qu'on les concevait comme catégoriques; mais si nous les avons *reconnus* comme catégoriques, c'est que nous avions besoin d'impératifs de ce genre pour expliquer le concept du devoir. Quant à démontrer qu'il y a réellement des principes pratiques ordonnant d'une manière catégorique, c'est ce qui n'était pas possible et nous ne pouvons même pas entreprendre cette démonstration dans cette section. Mais il y avait une chose à faire: indiquer dans l'impératif même, au moyen de quelque détermination qui y fût contenue, le principe de ce renoncement à tout intérêt dans la volonté obéissant au devoir et en faire le caractère spécifique distinguant l'impératif catégorique de l'impératif hypothétique. Or c'est justement ce que fait cette troisième formule du principe moral, c'est-à-dire l'*idée* de la volonté de chaque être raisonnable conçue comme *volonté législatrice universelle*[1].

En effet, si nous concevons cette idée, bien qu'il soit vrai qu'une volonté *subordonnée à des lois* puisse être attachée à ces lois par quelque intérêt, néanmoins quand la volonté est elle-même législatrice suprême, il n'est pas possible qu'elle dépende d'un intérêt quelconque. En effet, une volonté dépendante aurait besoin d'une autre loi pour limiter son égoïsme, en lui imposant comme condition d'avoir la valeur d'une loi universelle.

elle peut désobéir à la législation intelligible.

1. La première formule établit l'universalité de la loi; la deuxième donne pour objet à cette loi le respect de la personne humaine fin en soi; la troisième, en établissant que c'est la personne humaine, en tant que personne intelligible, c'est-à-dire détachée de tout intérêt sensible, qui est l'auteur de cette loi, découvre le principe du renoncement de l'individu à lui-même, qui est l'essence de l'impératif catégorique

Ainsi le principe en vertu duquel chaque volonté humaine nous apparaît, comme *fondant par toutes ses maximes une législation universelle* *, si sa justesse était bien établie, *conviendrait parfaitement* à l'impératif catégorique, en ce sens que, précisément à cause de l'idée de législation universelle, cet impératif ne *se fonde sur aucun intérêt* et qu'ainsi, de tous les impératifs possibles, il est le seul qui puisse être *inconditionnel*. Mais, mieux encore, renversons notre proposition, nous dirons : S'il y a un impératif catégorique (c'est-à-dire une loi applicable à la volonté de tout être raisonnable), il ne peut ordonner qu'une chose, à savoir d'agir toujours suivant la maxime d'une volonté qui, en même temps qu'elle poursuit tel ou tel but, se prend elle-même pour objet en tant que législatrice universelle ; car c'est ainsi seulement que le principe pratique et l'impératif auquel la volonté obéit peuvent être inconditionnels, parce qu'il n'y a aucun intérêt sur lequel ils puissent se fonder.

Si maintenant nous jetons un coup d'œil sur toutes les tentatives qui ont été faites jusqu'ici pour découvrir le principe de la moralité, nous ne nous étonnerons plus qu'elles aient toujours nécessairement échoué. On voyait l'homme lié par son devoir à une loi, mais il ne venait à la pensée de personne qu'il n'était soumis qu'à *sa propre législation* et que cette législation était pourtant *universelle*, et qu'il n'était obligé qu'à une chose, à savoir d'agir conformément à sa volonté, mais à sa volonté législatrice universelle, suivant sa destination naturelle. Car, si on se bornait à concevoir l'homme comme soumis à une loi (quelle qu'elle pût être), cette loi devrait le stimuler ou le contraindre par le moyen de quelque intérêt, parce que, n'émanant

---

* On me dispensera ici de citer des exemples pour éclaircir ce principe, car tous ceux qui ont servi à expliquer tout à l'heure l'impératif catégorique et sa formule peuvent être utilisés en vue de cette fin. (N. de K.)

pas, comme loi, du sein même de *sa* volonté, elle devrait recourir à quelque *moyen étranger* pour le contraindre à tenir une certaine conduite[1]. Par suite de cette conséquence inévitable, tous les efforts tentés pour trouver un principe suprême du devoir étaient irrémédiablement perdus; car ce que l'on obtenait, ce n'était pas le devoir, mais la nécessité d'agir en vue d'un certain intérêt, intérêt qui pouvait être d'ailleurs personnel ou étranger. Mais alors l'impératif devait toujours être conditionné et ne pouvait avoir la valeur d'un commandement moral. J'appellerai donc ce principe fondamental le principe de l'**Autonomie** de la volonté, par opposition à tous les autres que je rapporte à l'**Hétéronomie**.

Le concept suivant lequel tout être raisonnable doit se considérer comme fondant par toutes les maximes de sa volonté une législation universelle, afin de juger de ce point de vue et sa propre personne et sa conduite, nous conduit à une autre idée éminemment féconde qui s'y rattache, celle d'*un Règne des fins.*

J'entends par ce mot *règne* l'union systématique de différents êtres raisonnables sous des lois communes. Or, comme des lois déterminent les fins, quant à leur valeur universelle, si l'on fait abstraction, et des différences personnelles qui existent entre les êtres raisonnables, et de tout ce que contiennent leurs fins particulières, on pourra concevoir une liaison systématique, dans un tout, de l'ensemble des fins (système dans lequel entreront aussi bien les fins des êtres raisonnables conçus comme fins en soi, que les fins propres que chacun en particulier peut se proposer), le tout pourra

---

1. De deux choses l'une : ou bien la volonté obéit à une loi qu'elle pose elle-même, ou bien elle obéit à une loi qui lui est imposée du dehors, et dans ce dernier cas il faut qu'elle soit déterminée par quelque mobile intéressé, par exemple, la crainte ou l'espérance.

être conçu comme un règne des fins, règne qui, d'après les principes posés, est possible [1].

Car des êtres raisonnables sont toujours soumis à cette loi de ne *jamais* traiter ni leur personne ni celle d'autrui *comme de simples moyens*, mais de les traiter en *même temps comme des fins en soi*. Mais ainsi se produit une liaison systématique des êtres raisonnables par des lois objectives communes, c'est-à-dire un règne, et comme ces lois ont précisément pour objet le rapport de ces êtres les uns à l'égard des autres comme fins et moyens, on peut l'appeler règne des fins (règne qui à la vérité n'est qu'un idéal).

Un être raisonnable appartient au règne des fins comme *membre*, lorsque tout en y donnant des lois universelles, il est soumis pourtant lui-même à ces lois. Il y appartient comme *chef* [2] lorsque, donnant des lois, il n'est subordonné à aucune volonté étrangère.

L'être raisonnable doit toujours se considérer comme législateur dans un règne des fins rendu possible par la liberté de la volonté, qu'il y figure comme membre ou comme chef. Mais les maximes de sa volonté ne suffisent pas pour lui assigner ce dernier rang, il ne peut le revendiquer que s'il est un être absolument indépendant, sans besoins, sans rien qui limite son pouvoir d'agir et l'empêche d'être adéquat à sa volonté [3].

La moralité consiste donc dans le rapport de tous nos actes à la législation qui seule rend possible un règne des fins. Cette législation doit se trouver dans

---

1. Le règne des fins de Kant, c'est-à-dire le règne des volontés fins en soi, affranchies de la nature, rappelle la *Cité de Dieu*, dont parle Leibniz dans sa *Monadologie* (§. 85), et qui est l'assemblage de tous les esprits, c'est-à-dire des Monades capables de réfléchir et d'acquérir une valeur morale. Kant fait allusion dans la *Critique de la Raison pure* (*Méthodologie transcendantale*) à ce royaume de la Grâce, opposé par Leibniz au royaume de la Nature.

2. *Glied* et *Oberhaupt*.

3. Ainsi, en ce monde, nous ne pouvons nous considérer que comme *membres* du règne des fins.

chaque être raisonnable et jaillir de sa volonté dont le principe sera alors : Ne jamais agir que d'après des maximes que l'on soit certain de pouvoir ériger en lois universelles, c'est-à-dire de telle manière *que la volonté par sa maxime puisse en même temps se considérer comme posant des lois universelles.* Si maintenant les maximes ne sont pas déjà, par leur nature même, dans une harmonie nécessaire avec ce principe objectif des êtres raisonnables considérés comme législateurs universels, la nécessité d'accomplir l'action d'après ce principe, s'appelle alors obligation pratique, c'est-à-dire *Devoir.* Le devoir n'existe pas pour le chef dans le règne des fins, mais il s'applique à chaque membre et également à tous.

La nécessité pratique d'agir d'après ce principe, c'est-à-dire le devoir, ne repose pas sur des sentiments, ni sur des penchants, ni sur des inclinations, mais seulement sur le rapport des êtres raisonnables entre eux, rapport suivant lequel la volonté d'un être raisonnable doit toujours être regardée en même temps comme *législatrice,* parce qu'autrement il ne pourrait pas se considérer comme *fin en soi.* La raison rapporte ainsi chacune des maximes de la volonté conçue comme législatrice universelle à toutes les autres volontés et aussi à toutes nos actions envers nous-mêmes, et cela non pas en vertu de quelque mobile pratique ou en vue de quelque avantage ultérieur, mais en vertu de l'idée de la dignité d'un être raisonnable qui n'obéit à d'autre loi qu'à celle qu'il se donne à lui-même.

Dans le règne des fins tout a un **prix** ou bien une **dignité.** Quand une chose a un prix, elle peut être remplacée par une autre comme *équivalente.* Mais quand une chose est au-dessus de toute espèce de prix et que par suite elle n'admet pas d'équivalent, elle a de la dignité.

Ce qui se rapporte aux tendances et aux besoins

généraux de l'homme a un *prix vénal*[1]; ce qui, même sans supposer aucun besoin, est conforme à un certain goût, c'est-à-dire à cette satisfaction qui s'attache au jeu libre et sans but de nos facultés a un *prix de sentiment*, mais ce qui constitue la condition grâce à laquelle une chose peut devenir fin en soi, n'a pas seulement une valeur relative, c'est-à-dire un prix, mais une valeur intrinsèque, c'est-à-dire une *dignité*.

Or la moralité est justement la condition qui seule peut faire d'un être raisonnable une fin en soi, parce qu'elle seule permet à cet être de devenir membre législateur dans le règne des fins. La moralité et l'humanité, en tant qu'elle est capable de moralité, sont donc les seules choses qui aient de la dignité. L'habileté et le zèle dans le travail ont un prix vénal; l'esprit, une vive imagination, l'enjouement[2] ont un prix de sentiment; au contraire, la loyauté dans les promesses, la bienveillance fondée sur des principes (et non sur l'instinct) ont une valeur intrinsèque. Ni la nature ni l'art ne contiennent rien qui puisse suppléer au défaut de ces vertus, car leur valeur ne vient pas des effets qui en résultent, des avantages et de l'utilité qu'elles procurent, mais des intentions, c'est-à-dire des maximes de la volonté toujours prêtes à se manifester de cette manière par des actes, même quand le succès ne devrait

---

1. Les mêmes expressions (*Marktpreis*, prix sur le marché, prix vénal, et *Affektionspreis*, prix de sentiment) se retrouvent dans l'*Anthropologie* (2ᵉ part., A. III). Le talent, c'est-à-dire l'habileté dans un métier, a un prix vénal; le tempérament, par exemple la bonne humeur, a un prix de sentiment, parce qu'on l'aime, sans pouvoir l'évaluer en argent, comme l'habileté dans un métier. Kant explique l'expression *Marktpreis* par l'anecdote suivante : Un voyageur assiste à une discussion entre des professeurs sur le rang qu'il convient d'attribuer à chacune des facultés dont se compose une université. Si je veux vendre, dit-il, sur le marché d'Alger les professeurs de chacune des facultés, je ne pourrai tirer aucun argent du juriste et du théologien : mais le médecin a un métier, toujours, et partout utile « *und kann für baar gelten* », et peut être vendu argent comptant.

2. Dans le texte : *Witz, lebhafte Einbildungskraft und Launen.*

pas les couronner. Ces actions ne réclament aucune recommandation de la part de quelque disposition ou de quelque goût subjectifs, propres à nous les faire envisager immédiatement avec plaisir et avec faveur; elles ne supposent aucun penchant immédiat, aucun sentiment qui porte à les accomplir, elles nous représentent la volonté qui les accomplit comme l'objet d'un respect immédiat[1]; la raison seule suffit pour les *imposer* à notre volonté et non pour les *obtenir par flatterie*, ce qui en outre, quand il s'agit de devoirs, serait contradictoire. Cette estimation nous fait considérer la valeur de cette manière de penser comme une dignité, qui l'élève infiniment au-dessus de tout prix. On ne pourrait d'ailleurs la mettre en balance et la comparer avec ce qui a un prix sans porter atteinte à sa sainteté.

Mais qu'est-ce donc qui autorise l'intention moralement bonne ou la vertu à élever de si hautes prétentions? Ce n'est rien de moins que le droit qu'elle donne à l'être raisonnable de participer à *la législation universelle* et de mériter ainsi le rang de membre dans un règne possible des fins. Il y était d'ailleurs prédestiné par sa propre nature, comme fin en soi, et, justement pour cette raison, comme législateur dans un règne des fins, comme libre à l'égard de toutes les lois de la nature et n'obéissant qu'à celles qu'il s'impose à lui-même, à celles qui donnent à ses maximes le caractère d'une législation universelle (à laquelle il se soumet lui-même). En effet, la seule valeur qu'une chose puisse posséder est celle que la loi lui confère. Mais la législation qui détermine toute valeur doit avoir, à cause de cela même, une dignité, c'est-à-dire une valeur inconditionnelle à laquelle rien ne peut se comparer, et seul le mot de *respect* peut exprimer l'estime qu'un être

1. Le mot *unmittelbar*, trois fois répété par Kant.

raisonnable doit faire de cette valeur. L'*Autonomie* est donc le principe de la dignité de la nature humaine et de toute nature raisonnable.

Les trois manières d'exprimer le principe de la moralité, que nous avons exposées plus haut, ne sont au fond qu'autant de formules d'une même loi; chacune d'elles contient en elle, par elle-même, les deux autres[1]. Pourtant il y a entre ces formules une différence, qui est à la vérité plutôt subjective qu'objectivement pratique et qui consiste en ceci : qu'elles rapprochent de plus en plus l'idée de la raison de l'intuition (d'après une certaine analogie) et par là du sentiment[2].

Toutes les maximes ont en effet :

1) Une *forme*, qui consiste dans l'universalité, et, à ce point de vue la formule de l'impératif moral s'exprime de la manière suivante : on doit choisir ses maximes comme si elles devaient avoir la valeur de lois universelles de la nature.

2) Une *matière*[3], c'est-à-dire une fin; et la formule dit alors : que l'être raisonnable, étant fin par sa nature, par conséquent fin en soi, doit, par sa nature même, imposer à toute maxime une condition qui serve à limiter toutes les fins purement relatives et arbitraires.

---

1. En ce sens que, l'une d'elles étant donnée, on pourrait par simple analyse en faire sortir logiquement les deux autres.

2. La première formule est purement abstraite. La seconde et la troisième font apparaître des hommes, fins de notre activité, et entre ces hommes, des rapports, par suite desquels ils forment un règne des fins. Or, ces hommes et les rapports qui existent entre eux, peuvent être objets d'intuition et de sentiment. *D'après une certaine analogie.* Cette analogie va s'ex-pliquer par ce qui suit. Il y a, pour Kant, une analogie entre les formules de l'impératif et les catégories de la quantité, et par suite entre le règne des fins et le règne de la nature. Cette analogie nous permet de nous représenter le règne des fins et de nous y intéresser.

3. Bien que le texte allemand porte dans toutes les éditions *Maxime*, nous traduisons, avec Barni, comme s'il y avait *Matière*. *Maxime* n'offre en effet aucun sens. Voir plus loin, p. 20, note 2.

3) Une *détermination complète*[1] qui, pour toutes les maximes, s'exprime dans cette formule : que toutes les maximes émanant de notre propre législation doivent s'accorder avec l'idée d'un règne possible des fins conçu comme un règne de la nature[*]. Nous procédons ici en quelque sorte suivant les catégories de l'*Unité* de la forme de la volonté (universalité de cette volonté), de la *Pluralité* de la matière (des objets, c'est-à-dire des fins) et de la *Totalité*, c'est-à-dire du système des fins pris dans son ensemble[2]. Mais lorsqu'il s'agit de *juger* moralement, on fera mieux de suivre toujours la méthode la plus rigoureuse et de partir toujours de la formule universelle de l'Impératif catégorique ; *Agis d'après une maxime qui puisse d'elle-même se transformer en loi universelle*. Mais, pour donner à la loi morale un accès plus facile dans nos cœurs, il est très utile de faire passer une seule et même action par les

---

[*] La téléologie considère la nature comme un règne des fins ; la morale considère un règne possible des fins comme un règne de la nature. D'un côté le règne des fins est une idée théorique pour expliquer ce qui est, de l'autre c'est une idée pratique pour réaliser ce qui n'est pas, mais peut devenir réel par notre conduite, et cela d'une manière conforme à cette conception même[2]. (N. de K.)

---

1. Ce mot s'explique par ce qui suit : l'idée de la totalité des fins, c'est-à-dire du système des êtres fins en soi, pris dans son ensemble, détermine complètement le devoir. Cette détermination complète correspond à la troisième formule de l'impératif catégorique.

2. Ici apparaît une préoccupation tout à fait caractéristique chez Kant, celle d'établir un parallélisme entre les catégories de la quantité et les formules de l'impératif catégorique. Nous ne pouvons, suivant Kant, penser une chose de la nature qu'aux conditions suivantes : que nous puissions 1° la concevoir comme une unité (catégorie de l'*unité*) ; 2° y discerner une pluralité de parties (catégorie de la *pluralité*) ; 3° rassembler ces parties dans un tout, en en faisant la synthèse, et reconstituer l'unité primitive (catégorie de la *totalité*). De même, pour penser l'Impératif catégorique, nous le concevons d'abord comme *unité* (première formule), ensuite comme *pluralité*, en considérant toutes les fins auxquelles il s'applique (deuxième formule), enfin, comme *totalité*, en rassemblant ces fins, dans ce tout que Kant appelle le règne des fins (troisième formule).

3. Cette idée que l'humanité

trois concepts indiqués et de la rapprocher ainsi, autant que faire se peut de l'intuition.

Nous pouvons maintenant finir par l'idée même qui nous a servi de point de départ, en commençant, je veux dire par l'idée d'une volonté absolument bonne. La *volonté est absolument bonne* quand elle ne peut pas être mauvaise, c'est-à-dire quand sa maxime, transformée en loi universelle, ne peut jamais se contredire. Sa loi suprême est donc ce principe : agis toujours d'après une maxime telle que tu puisses vouloir qu'elle soit une loi universelle[1]. Telle est la seule condition qui permette à une volonté de ne jamais tomber en contradiction avec elle-même et un tel impératif est catégorique. Comme il y a une certaine analogie entre ce caractère que possède la volonté de devenir une loi universelle pour des actions possibles et la liaison universelle des choses dans la réalité d'après des lois universelles qui sont comme l'élément formel de la nature, l'impératif peut encore s'exprimer de la manière suivante : *Agis d'après des maximes telles que l'objet de ton vouloir puisse être d'ériger ces maximes mêmes en lois universelles de la nature.* Telle est donc la formule d'une volonté absolument bonne.

La nature raisonnable se distingue de toutes les autres en ceci qu'elle se pose à elle-même une fin. Cette fin doit être la matière[2] de toute bonne volonté. Mais comme pour concevoir une volonté absolument

considérée comme l'ensemble des personnes raisonnables, est la fin dernière de l'univers, se retrouve dans la *Critique du Jugement*, Barni, p. 153.

1. Telle est, en somme, la vraie formule de l'impératif catégorique, celle qui exprime le mieux le formalisme de Kant. Les deux autres, comme Kant l'a dit tout à l'heure, donnent une forme plus sensible au devoir, mais elles sont dérivées et moins pures.

2. Le texte porte bien ici *Materie*, et cela prouve, une fois de plus, qu'il faut lire plus haut également *Materie*, car ce paragraphe correspond au second alinéa du passage où Kant expose le contenu des maximes.

bonne, sans aucune condition qui la limite (atteindre tel ou tel but), il faut faire abstraction de tout résultat *à obtenir* (car alors la volonté ne serait que relativement bonne), la fin dont nous parlons ici ne doit pas être conçue comme un effet à obtenir, *mais comme une fin ayant sa valeur en elle-même*, et, par conséquent, c'est d'une manière négative que nous la concevons. Je veux dire par là qu'il ne faut jamais agir contre cette fin, qu'il ne faut jamais la considérer comme un moyen, mais toujours comme une fin dans toutes nos volitions. Or cette fin ne peut être autre chose que le sujet de toutes les fins possibles, parce que ce sujet est en même temps le sujet de la possibilité d'une volonté absolument bonne, volonté que l'on ne peut sans contradiction faire passer après aucun autre objet. Le principe : agis à l'égard de tout être raisonnable (toi et autrui) de manière à lui reconnaître, dans ta maxime, la valeur d'une fin en soi est au fond identique au principe : agis d'après une maxime qui contienne en elle-même le principe de sa valeur universelle pour tout être raisonnable[1]. Car dire que, dans l'usage des moyens pour atteindre une fin quelconque, je dois subordonner ma maxime à une condition, à savoir qu'elle puisse s'appliquer à tout sujet comme loi universelle, cela revient à dire que le sujet des fins, l'être raisonnable lui-même, ne doit jamais être considéré comme un moyen, mais comme la condition suprême qui limite l'emploi des moyens, c'est-à-dire qu'on doit se le proposer comme fin dans toutes les maximes de ses actions[2].

Or il suit de là incontestablement que l'être raison-

---

1 Kant précise l'idée qui domine sa déduction des trois formules de l'impératif. Il s'efforce de bien établir que la deuxième et la troisième ne contiennent rien qui ne soit implicitement compris dans la première, qui est la vraie.

2. Voici en deux mots l'idée de Kant : Si l'être raisonnable était traité comme moyen, je ne pourrais plus appliquer à tout être raisonnable la maxime de mon action.

nable, étant fin en soi, doit pouvoir se considérer, relativement à toutes les lois auxquelles il peut être soumis, comme législateur universel. En effet, c'est justement cette aptitude de ses maximes à former une législation universelle qui le distingue comme fin en soi[1]. Il suit encore de ce qui a été dit que la dignité de cet être (prérogative) qui l'élève au-dessus des simples êtres de la nature, entraîne pour lui la nécessité de choisir toujours sa maxime en se plaçant à un point de vue qui soit à la fois le sien et celui de tous les autres êtres raisonnables considérés comme législateurs (et que l'on peut à cause de cela appeler personnes). C'est de cette manière que devient possible un monde des êtres raisonnables (*mundus intelligibilis*), comme règne des fins et cela grâce à la législation propre de toutes les personnes qui en sont les membres. D'après cela, tout être raisonnable doit agir comme s'il était toujours, par ses maximes, un membre législateur dans le règne universel des fins. Le principe formel de ces maximes est : agis comme si ta maxime devait servir de loi universelle (pour tous les êtres raisonnables). Un règne des fins n'est donc possible que par analogie avec un règne de la nature; mais le premier repose seulement sur des maximes, c'est-à-dire sur des règles que l'on s'impose à soi-même, le second sur des lois causales imposant aux choses une nécessité extérieure. Malgré cela on donne aussi à l'ensemble de la nature, que l'on considère pourtant comme une machine, le nom de règne de la nature, parce qu'il se rapporte à des êtres raisonnables dans lesquels on voit ses fins[2]. Un tel règne des fins

---

1. Si l'être humain est vraiment fin en soi, il doit pouvoir se considérer comme législateur universel, car c'est justement parce qu'il peut ériger ses maximes en lois universelles qu'il est fin en soi. Ainsi la troisième formule revient à la deuxième, qui revient à la première.

2. Il résulte de ce passage que

ne pourrait être vraiment réalisé que par ces maximes dont l'impératif prescrit la règle à tous les êtres raisonnables, à condition qu'elles fussent *universellement suivies*. Mais, bien que l'être raisonnable ne puisse guère espérer que tous les autres soient fidèles à cette maxime, encore qu'il l'observe lui-même ponctuellement; ni que le règne de la nature, avec l'ordre de finalité qui s'y manifeste, se mette en harmonie avec sa propre personne, de manière à réaliser un règne des fins qu'il rendrait possible et dont il serait le digne membre, c'est-à-dire lui donne le bonheur qu'il attend, malgré tout cela cette loi : agis d'après les maximes qui conviennent à un membre législateur dans un règne seulement possible des fins, conserve la plénitude de sa force, parce qu'elle ordonne d'une manière catégorique. Et c'est en cela précisément que consiste ce paradoxe : que la simple dignité de l'humanité considérée comme nature raisonnable, indépendamment de tout résultat avantageux que l'on puisse obtenir, et, par suite, que le respect pour une simple idée doive servir de règle inviolable à la volonté; que l'indépendance de la maxime à l'égard de tous les penchants de cette espèce soit justement ce qui en fait la sublimité, ce qui rend tout être raisonnable digne de devenir membre législateur dans un règne des fins; car autrement on ne

l'idée de règne implique l'idée de finalité, et même que, si le règne de la nature est analogue au règne des fins, ce n'est pas seulement parce qu'il est soumis à des règles, mais surtout parce qu'il a une fin qui est, en somme, la même que celle du règne des volontés pures, cette fin, c'est l'ensemble des êtres raisonnables, qui semblent être considérés ici comme la raison d'être de cette machine qu'est la nature. Dans la *Critique du jugement*, Kant déclare que « sans les hommes toute

la création serait déserte, inutile et sans but final ». Or, ce qui peut faire de l'homme le but final de la nature, ce n'est pas son intelligence, en tant qu'elle peut contempler le monde; ce n'est pas non plus sa sensibilité, en tant qu'elle peut être satisfaite par la nature, c'est la faculté qu'il a d'agir en être libre, c'est sa bonne volonté, « la seule chose qui puisse donner à l'existence de l'homme une valeur absolue et à celle du monde un but final. » (*Barni*, p. 154-155.)

pourrait se le représenter que comme soumis à la loi naturelle de ses besoins. Quand même nous suppose-rions le règne de la nature et le règne des fins réunis sous un maître suprême, et quand même le second de ces règnes obtiendrait ainsi une réalité véritable au lieu d'être une simple idée, sans doute un mobile puissant viendrait s'ajouter à l'idée, mais sans en accroître en rien la valeur intrinsèque. Car, malgré tout, on devrait se représenter ce législateur unique et illimité comme jugeant de la valeur des êtres raisonnables d'après la conduite désintéressée prescrite par cette idée. L'essence des choses ne se modifie pas sous l'influence de leurs rapports avec le dehors; et ce qui, abstraction faite de ces rapports, constitue seul la valeur absolue de l'homme, reste la seule chose d'après laquelle il doive être jugé, quel que soit son juge, ce juge fût-il même l'Être suprême. La *moralité* est donc le rapport des actions à l'autonomie de la volonté, c'est-à-dire à la législation universelle que les maximes de cette volonté doivent rendre possible. L'acte qui peut s'accorder avec l'auto-nomie de la volonté est *permis*, celui qui y répugne est *défendu*. La volonté dont les maximes s'accordent nécessairement avec les lois de l'autonomie est une volonté *sainte*, c'est-à-dire absolument bonne. La dépen-dance d'une volonté qui n'est pas absolument bonne à l'égard du principe de l'autonomie (la nécessité morale) est l'*obligation*. L'obligation ne peut donc s'appliquer à un être saint. La nécessité objective d'un acte, fondée sur l'obligation est le *devoir*[1].

On s'expliquera sans peine, d'après le peu qui pré-cède, comment il arrive que tout en concevant sous l'idée du devoir une sujétion à la loi, nous trouvions en même temps une certaine sublimité et une di-

---

1. Nous avons déjà vu que le devoir n'existe que pour une volonté imparfaite, et que ce mot n'a plus de sens pour la volonté sainte qui se conforme naturellement à la loi.

gnité[1] chez la personne qui accomplit tous ses devoirs. En effet elle est sublime, non pas en tant qu'elle est *soumise* à la loi morale, mais en tant qu'elle se *donne cette loi* par une législation propre et lui obéit seulement pour cette raison. Nous avons aussi montré plus haut comment ce n'est ni la crainte ni l'inclination, mais seulement le respect de la loi qui constitue le seul mobile capable de donner à l'action une valeur morale. Notre propre volonté, supposé qu'elle n'agisse que sous la condition d'obéir à une législation universelle rendue possible par ses maximes, cette volonté idéalement possible est l'objet propre du respect, et la dignité de l'humanité consiste justement dans cette aptitude à fonder des lois universelles, mais à la condition de se soumettre en même temps à cette législation.

L'AUTONOMIE DE LA VOLONTÉ
comme principe suprême de la moralité.

L'autonomie de la volonté est cette propriété qui lui appartient d'être à elle-même sa loi (abstraction faite de la nature des objets du vouloir). Le principe de l'autonomie est donc : de choisir toujours de telle manière que les maximes de notre choix constituent, dans notre vouloir même, des lois universelles. Pour démontrer que cette règle pratique est un impératif, c'est-à-dire que la volonté de tout être raisonnable est liée nécessairement à une telle condition, il ne peut pas suffire

---

1. Le sublime est pour Kant ce qui est absolument grand. Or, le véritable sublime ne se trouve pas dans la nature extérieure, mais en nous-mêmes. La nature n'est sublime que pour notre imagination. Ce qui est vraiment sublime pour la raison, c'est ce qui dépasse infiniment la nature sensible, c'est notre raison elle-même, et dans notre raison, l'idée du devoir et la volonté de l'accomplir malgré toutes les tentations ou les résistances de la nature. (Voir à ce sujet la *Critique du Jugement, analytique du sublime.* Barni, t. I, p. 71.)

de décomposer cette volonté en ses éléments parce qu'il s'agit d'une proposition synthétique[1]; il faudrait dépasser la connaissance des objets et entrer dans une critique du sujet, c'est-à-dire faire une critique de la raison pure pratique; car ce principe synthétique qui ordonne d'une manière apodictique doit pouvoir être reconnu *a priori*; mais ce travail n'appartient pas à la présente section. En revanche on peut fort bien établir par une simple analyse des concepts de la moralité que le principe susmentionné de l'autonomie est le seul véritable principe de la morale. Car on découvre par cette méthode que ce dernier principe doit être un impératif catégorique et que cet impératif ne commande ni plus ni moins que cette autonomie même.

L'HÉTÉRONOMIE DE LA VOLONTÉ
comme source de tous les faux principes de la moralité.

Quand la volonté cherche la loi qui doit la déterminer *ailleurs* que dans l'aptitude de ses maximes à la rendre elle-même législatrice universelle, quand, sortant d'elle-même, elle cherche cette loi dans la nature de l'un quelconque de ses objets, il se produit une *hétéronomie*. Alors la volonté ne se donne plus à elle-même sa loi, c'est l'objet qui la lui donne, en vertu du rapport qu'il a avec elle. Ce rapport, qu'il repose sur l'inclination ou sur des représentations de la raison, ne peut donner lieu qu'à des impératifs hypothétiques : je

---

1. Cette proposition : que la volonté raisonnable obéisse à des maximes qui puissent être érigées en lois universelles, est synthétique, parce que l'idée de volonté raisonnable n'implique pas en elle-même l'idée d'obéissance à une législation universelle. Pour démontrer cette proposition, il faut pénétrer jusqu'à l'essence intime du sujet et faire la critique de la Raison pure pratique. Kant abordera tout à l'heure cette démonstration, dans la troisième section.

dois faire une chose *parce que j'en veux quelque autre*.
Au contraire l'impératif moral, c'est-à-dire catégorique,
dit : je dois agir de telle ou telle façon, même si je ne
veux rien d'autre. Par exemple, le premier dit : je ne
dois pas mentir, si je tiens à ma considération; le
second : je ne dois pas mentir, quand même il n'en
résulterait pas la moindre honte pour moi. L'impératif
catégorique doit faire abstraction de tout objet, de
manière que l'objet n'ait aucune *influence* sur la
volonté; il ne faut pas en effet que la raison pratique
(la volonté) se borne à administrer un intérêt étranger,
mais qu'elle prouve son droit à être considérée comme
législatrice suprême. Par exemple je dois m'efforcer
de contribuer au bonheur d'autrui, non pas comme si
j'avais quelque intérêt à ce bonheur (soit en vertu d'une
inclination immédiate, soit, indirectement, en vue de
quelque satisfaction conçue par la raison), mais uniquement parce que la maxime qui exclut ce bonheur
ne peut pas subsister dans un seul et même vouloir
comme loi universelle[1].

CLASSIFICATION

*de tous les principes possibles de la moralité
d'après le concept fondamental que nous avons adopté
de l'hétéronomie.*

Ici, comme partout ailleurs, la raison humaine, dans
son usage pur, tant que la critique lui a fait défaut, a
essayé toutes les fausses routes possibles avant de
réussir à trouver la seule qui soit bonne.

Tous les principes que l'on peut admettre de ce point
de vue sont *empiriques* ou *rationnels*. Les premiers, tirés

---

1. Voir ci-dessus les notes p. 57 (1) et p 67 (1).

du principe du *bonheur*, s'appuient sur la sensibilité physique ou morale; les **seconds**, empruntés au principe de la *perfection*, reposent, ou bien sur le concept rationnel de cette perfection, considérée comme effet possible de notre volonté, ou bien sur le concept d'une perfection existant en soi (sur la volonté de Dieu) comme cause déterminante de notre volonté.

Les *principes empiriques* ne sont jamais propres à fonder des lois morales. Car l'universalité qui rend ces lois valables pour tous les êtres raisonnables sans distinction, la nécessité pratique inconditionnelle qui leur est attribuée par là même, s'évanouissent dès qu'on les fonde sur la *constitution particulière de la nature humaine* ou sur les circonstances contingentes où cette nature se trouve placée. Mais le principe qu'il faut rejeter avant tous les autres, c'est le principe du *bonheur personnel*[1], et cela non seulement parce qu'il est faux et que l'expérience contredit cette proposition que le bien-être correspond toujours à la bonne conduite, non seulement parce qu'il ne fournit aucune base à la moralité, car autre chose est de rendre un homme heureux ou de le rendre bon, d'en faire quelqu'un d'avisé et d'attentif à ses intérêts ou quelqu'un de vertueux; mais encore parce qu'il donne comme fondement à la morale des inclinations qui la minent bien plutôt et détruisent toute sa sublimité, car elles rangent dans la même classe les mobiles de la vertu et ceux du vice et nous apprennent seulement à mieux calculer, détruisant toute distinction spécifique entre ces deux espèces de mobiles[2]. Pour ce qui est du sentiment moral[3],

---

1. L'utilitarisme a toujours été pour Kant la négation même de la morale.

2. En effet, si le bonheur est le but, il n'y a que des calculs bien ou mal faits, il n'y a plus d'intentions bonnes ou mauvaises en elles-mêmes.

3. Shaftesbury (1671-1713, *Recherches sur la vertu et le mérite* admet des sentiments rationnels parmi lesquels se trouve le sentiment du bien et du mal, tout à fait analogue au sentiment du beau et du laid.

ce prétendu sens spécial*, il est moins éloigné de la moralité et de la dignité qui lui appartient (quoique ce soit la marque d'un esprit bien superficiel d'en appeler à ce sens, car ce sont ceux qui sont incapables de *penser* qui espèrent se tirer d'affaire avec l'aide du sentiment même là où il s'agit de lois universelles, et d'autre part les sentiments, qui, par leur nature, diffèrent infiniment les uns des autres, quant au degré, ne peuvent fournir une mesure fixe du bon et du mauvais, sans compter que l'homme qui juge par sentiment ne peut avoir la prétention d'imposer son jugement à autrui). Mais le sens moral fait au moins à la vertu l'honneur de lui attribuer *immédiatement* la satisfaction et le respect qu'elle nous inspire, il ne lui dit pas en face que ce n'est pas sa beauté mais seulement l'intérêt qui nous attache à elle.

Parmi les principes intelligibles ou *rationnels* de la moralité, le meilleur est le concept ontologique de la *Perfection* (il est pourtant bien vide, bien indéterminé et par suite bien peu utilisable pour découvrir, dans le champ immense de la réalité, la plus grande somme de perfection qui puisse nous convenir, sans compter que, lorsqu'il s'agit de distinguer spécifiquement la réalité, dont il est ici question, de toute autre, il montre une tendance irrésistible à tourner dans un cercle

---

* Je rattache le principe du sentiment moral au principe du bonheur, parce que tout intérêt empirique causé par l'agrément qu'une chose nous procure, soit immédiatement, et abstraction faite de toute espérance d'un avantage ultérieur, soit au contraire en vue de cet avantage, promet d'ajouter quelque chose à notre bien-être. De même on doit, avec *Hutcheson*[1], rattacher le principe de la participation sympathique au bonheur des autres à ce même sens moral admis par ce philosophe. (N. de K.)

1. Hutcheson (né en 1694, professeur à Glasgow) admet un sens moral sur lequel repose le jugement moral, comme le jugement esthétique repose sur un sens particulier. Mais ce sens moral n'est pas suffisant pour nous déterminer à l'action. Pour agir il faut l'appoint d'autres sentiments, comme la sympathie.

et n'évite guère de supposer tacitement cette moralité qu'il doit expliquer[1]). Le concept de la perfection n'en est pas moins préférable au concept théologique qui fait dériver la moralité de la volonté infiniment parfaite de Dieu et cela pour deux raisons : d'abord, parce que, n'ayant pas l'intuition de la perfection divine, nous ne pouvons en dériver l'idée que de nos propres concepts, parmi lesquels se trouve au premier rang celui de la moralité[2], ensuite parce que, si nous ne procédons pas ainsi (ce qui serait commettre un cercle grossier dans notre explication), le seul concept qui nous reste, celui de la volonté divine, que nous nous représentons mue par l'amour de la gloire et de la domination et à laquelle nous associons l'image terrible de la passion, de la puissance et de la jalousie[3], nous conduirait à un système de morale absolument opposé à la moralité.

Si j'avais à choisir entre le concept du sens moral et celui de la perfection en général (concepts qui au moins ne causent aucun préjudice à la moralité, bien qu'ils ne suffisent guère à lui fournir une base solide), je me déciderais pour le dernier parce qu'il porte devant le tribunal de la raison pure la question morale, enlevant à la sensibilité le droit de la trancher, et que, s'il n'arrive par cette loi à aucune solution et laisse dans l'indétermination l'idée (d'une volonté bonne en

1. Le bien, dit-on, c'est la perfection, par exemple l'épanouissement de nos facultés, mais d'après quel principe déclarez-vous que cet achèvement de l'être est le bien ? évidemment d'après un principe supérieur à la perfection elle-même. Dans la *Métaphysique des mœurs*, Kant fera de la perfection l'objet des devoirs envers nous-mêmes, en appelant perfection le développement des facultés qui rendent possible la bonne volonté. L'idée de perfection sera ainsi fondée sur celle de devoir et non l'idée de devoir sur l'idée de perfection.

2. Le bien est ce que Dieu veut, mais qu'est-ce que Dieu veut ? Pour répondre à cette question nous partons d'une certaine idée que nous avons du bien. Dieu, par exemple, ordonne la charité, disons-nous, mais c'est que d'après l'idée que nous nous faisons du bien, nous jugeons la charité bonne.

3. Le texte porte *Nacheifers*, jalousie : *Racheifers*, désir de vengeance serait peut-être un meilleur sens.

soi), il la conserve sans la fausser jusqu'à ce qu'elle puisse être déterminée avec plus de précision[1].

D'ailleurs je crois pouvoir me dispenser d'entreprendre une réfutation développée de toutes ces doctrines. Cette réfutation est si facile et ceux-là même que leur profession oblige à se déclarer pour l'une de ces théories (parce que les auditeurs ne souffrent guère que l'on suspende son jugement) la conçoivent si bien que ce serait un travail superflu d'y insister. Ce qui nous intéresse ici davantage, c'est de savoir que ces systèmes ne donnent à la morale d'autre principe que l'hétéronomie de la volonté et que, précisément pour cela, ils manquent nécessairement leur but.

Toutes les fois que, pour prescrire à la volonté la règle qui doit la déterminer, on s'adresse à l'objet de cette volonté, cette règle n'est qu'hétéronomie; l'impératif est subordonné à une condition : c'est *si* ou *parce que* l'on veut tel objet que l'on doit agir de telle façon; aussi cet impératif ne peut-il jamais être moral, c'est-à-dire commander catégoriquement. Que l'objet détermine la volonté par le moyen de l'inclination, comme dans le système du bonheur personnel, ou par l'intermédiaire de la raison appliquée aux objets possibles de notre volonté en général, comme dans le système de la perfection, la volonté, dans tous les cas, ne se détermine pas *immédiatement* par la seule idée de l'action, mais par l'influence qu'exerce sur elle l'idée anticipée de l'effet de l'action : *je dois faire une chose parce que j'en veux une autre*, et alors il faut qu'en moi-même se pose une autre loi, en vertu de laquelle je veux nécessairement cette autre chose et cette loi à son tour suppose un impératif qui détermine cette maxime à un objet défini. En effet, comme l'attrait que la représenta-

---

1. Parce que, pour déterminer l'idée du bien (sans ramener le bien au bonheur), il faut, suivant Kant recourir aux concepts d'autonomie et d'impératif catégorique.

tion d'un objet possible de notre activité doit exercer sur le sujet, en vertu de sa constitution, dépend de la nature de ce sujet, soit de sa sensibilité (inclination et goûts), soit de son entendement et de sa raison qui, en vertu des dispositions particulières de leur nature, s'appliquent avec plaisir à un objet, ce serait donc à proprement parler la nature qui donnerait la loi; et alors, non seulement cette loi, comme telle, ne pourrait être connue et démontrée que par l'expérience et, par suite, serait contingente, donc incapable de fonder une règle pratique apodictique, comme doit être la règle morale, mais encore elle ne serait *jamais qu'hétéronomie* de la volonté. Ce ne serait pas la volonté qui se donnerait à elle-même sa loi, mais elle la recevrait d'une impulsion étrangère, par l'intermédiaire d'une certaine constitution du sujet qui la disposerait à en subir l'action.

La volonté absolument bonne, dont le principe doit être un impératif catégorique, reste donc indéterminée à l'égard de tous les objets et ne contient que la *forme du vouloir* en général, et c'est en cela que consiste l'autonomie; c'est-à-dire que l'aptitude de la maxime de toute bonne volonté à se tranformer en loi universelle est la seule loi que s'impose à elle-même la volonté de tout être raisonnable, sans y ajouter aucun autre principe tiré de l'inclination ou de l'intérêt.

Mais, *comment une pareille proposition pratique, synthétique a priori* est-elle possible [1], pourquoi est-elle nécessaire? voilà une question dont la solution dépasse les limites de la Métaphysique des mœurs [2], aussi n'avons-nous pas affirmé ici la vérité de cette propo-

---

1. Kant revient encore à cette question qu'il a déjà posée plusieurs fois, mais qu'il n'a pas encore essayé de résoudre.

2. L'objet de la Métaphysique des mœurs (en y comprenant les fondements de cette science) est de déterminer le principe suprême de la morale et d'en déduire les règles de la conduite. Pour ce qui est d'établir la valeur objective de ce principe, c'est un problème qui ne pourrait être résolu que par une critique de la Raison pratique.

sition ni prétendu que nous eussions entre les mains
le moyen de la prouver. Nous avons seulement montré
en développant le concept de la moralité tel qu'il est
universellement admis, qu'une autonomie de la volonté
se liait inévitablement à ce concept ou plutôt lui ser-
vait de base. Quiconque tient la moralité pour quelque
chose de réel et non pour une idée chimérique sans
vérité, doit admettre le principe de la moralité que nous
avons proposé. Cette seconde section a donc été, comme
la première, purement analytique[1]. Pour établir maintenant que la moralité n'est pas une chimère, idée qui
s'impose si l'impératif et avec lui l'autonomie de la
volonté sont des vérités et sont nécessaires comme
principes *a priori*, il faut admettre *la possibilité d'un
usage synthétique de la raison pure pratique*[2]; mais
nous ne pouvons tenter cette voie sans commencer par
faire la *critique* de cette faculté de la raison. Nous
exposerons dans la dernière section les grandes lignes
de cette critique autant qu'il est nécessaire pour atteindre notre but.

---

1. Ce passage résume nettement la méthode que Kant a suivie dans toute cette seconde partie : S'il y a une moralité, elle ne peut consister que dans l'Impératif catégorique et l'autonomie de la volonté, mais y a-t-il une moralité, ou l'idée même de moralité est-elle chimérique ? Kant va indiquer dans la troisième section la solution de ce problème.

2. De même que la fonction de la pensée théorique est d'établir *a priori* certaines synthèses, par exemple, celle de la cause et de l'effet. Nous savons que la proposition : La bonne volonté est la volonté autonome, obéissant à des lois universelles qu'elle pose elle-même, est une proposition synthé-tique. Il faut pouvoir démontrer *a priori*, la nécessité de cette syn-thèse.

TROISIÈME SECTION

PASSAGE DE LA MÉTAPHYSIQUE DES MŒURS
A LA CRITIQUE DE LA RAISON PURE PRATIQUE

LE CONCEPT DE LA LIBERTÉ
est la clef qui donne l'explication de l'autonomie de la volonté.

La *volonté* est une espèce de causalité qui appartient aux êtres vivants, mais seulement en tant qu'ils sont raisonnables et la *liberté* serait la propriété qu'aurait cette causalité d'agir sans y être *déterminée* par des causes étrangères, de même que la *nécessité naturelle* est la propriété que présente la causalité, chez tous les êtres dépourvus de raison, d'être déterminée à l'action par l'influence de causes étrangères.

L'explication que nous venons de proposer de la liberté est *négative* et par suite ne nous permet pas d'en pénétrer l'essence; mais on peut en dériver un concept *positif* de cette même liberté qui n'en sera que plus riche et plus fécond[1]. Si l'idée de causalité entraîne celle de *lois*, en vertu desquelles une chose que nous appelons effet doit être produite, par une autre chose appelée cause, la liberté, bien qu'elle ne soit pas le

---

1. Cette liberté positive consiste, pour Kant, à obéir à une loi que la volonté s'impose à elle-même, sans subir aucune influence extérieure. Ce qui est libre, c'est l'acte par lequel l'être raisonnable pose une loi pour s'y conformer ensuite. La liberté négative consiste à *ne pas* être déterminé par les lois de la nature.

caractère d'une volonté obéissant à des lois naturelles, n'échappe pourtant pas à toute espèce de lois[1]; c'est au contraire une causalité d'après des lois immuables, mais d'une espèce particulière, car, autrement, une volonté libre serait une absurdité. La nécessité naturelle était, pour les causes efficientes, une hétéronomie; car, pour que l'effet pût se produire, une condition était nécessaire, à savoir que la cause efficiente fût déterminée à l'action par quelque chose d'étranger. Que peut donc être la liberté de la volonté sinon l'autonomie, c'est-à-dire le caractère qui appartient à la volonté d'être à elle-même sa propre loi ? Mais la proposition : la volonté est à elle-même, dans toutes nos actions, sa propre loi, n'est qu'une autre formule du principe qui nous défend d'agir d'après une maxime qui ne puisse vouloir s'ériger elle-même en loi universelle. Or cette formule est justement celle de l'impératif catégorique et le principe de la moralité; ainsi une volonté libre et une volonté soumise à des lois morales, c'est tout un.

Si donc la liberté de la volonté est supposée, une simple analyse de son concept en fait sortir la moralité avec son principe. Ce principe n'en n'est pas moins toujours une proposition synthétique : une volonté absolument bonne est une volonté dont la maxime peut toujours renfermer dans son sein une loi universelle, qui n'est autre que cette maxime même; car l'analyse du concept d'une volonté absolument bonne ne nous donne nullement cette propriété de sa maxime[2]. Mais des propositions synthétiques de ce genre ne sont pos- sibles que si les deux notions qu'elles contiennent

---

1. Une liberté d'indifférence se- rait absurde.

2. Ce point a été expliqué plus haut. L'idée d'une volonté absolu- ment bonne n'est pas identique à l'idée d'une volonté dont la maxime est une loi universelle. Il y a là une synthèse dont il faut trouver le principe. Ce principe ce sera l'idée de liberté.

peuvent être reliées entre elles par l'intermédiaire d'un troisième terme en qui elles se rencontrent toutes les deux. Or le concept *positif* de la liberté donne ce troisième terme, qui ne peut pas être, comme lorsqu'il s'agit de causes physiques, la nature du monde sensible (dans le concept de laquelle l'idée d'une certaine chose considérée comme cause se lie à l'idée d'une *autre chose* considérée comme effet). Quel est donc ce troisième terme auquel nous adresse la liberté et dont nous avons une idée *a priori* ? Nous ne pouvons pas le montrer dès maintenant ni expliquer comment le concept de la liberté se déduit de la raison pure pratique et comment, avec la liberté, un impératif catégorique est possible. Il nous faut pour cela encore quelque préparation.

La LIBERTÉ *doit être supposée* COMME PROPRIÉTÉ DE LA VOLONTÉ *de tous les êtres raisonnables.*

Il ne suffit pas d'attribuer la liberté à notre volonté, pour quelque raison que ce soit d'ailleurs, si nous n'avons pas une raison suffisante pour l'accorder également à tous les êtres raisonnables. Car, la moralité ne nous prescrivant ses lois qu'en tant que nous sommes *des êtres raisonnables*, elle doit donc valoir également pour tous les êtres raisonnables, et comme elle ne peut être déduite que du caractère de liberté qui appartient à notre volonté, nous devons pouvoir démontrer que la liberté est le caractère de la volonté de tous les êtres raisonnables; et il ne suffit pas de l'établir seulement au moyen de quelques prétendues expériences faites sur la nature humaine (une telle entreprise est d'ailleurs radicalement impossible, et la démonstration ne peut être faite qu'*a priori*), il faut démontrer que ce caractère appartient nécessairement et en général à l'activité de tous les êtres raisonnables doués de volonté. Je dis donc : un être qui ne peut agir que *sous l'idée de la liberté* est, par là même, vraiment libre au point de vue pratique, c'est-à-dire que toutes les lois qui sont inséparablement associées à l'idée de liberté sont valables pour lui, absolument comme si la liberté de sa volonté en elle-même avait été expliquée d'une manière valable, au point de vue de la philosophie théorique*. Or j'affirme que nous devons nécessairement accorder à tout être raisonnable doué de volonté l'idée de la liberté, comme étant la condition même de son activité[1]. En effet l'idée d'un tel être implique celle d'une raison qui est pratique, c'est-à-dire qui exerce une action causale à l'égard de ses objets. Or il est impossible de concevoir une raison qui, ayant conscience d'être elle-même l'auteur de ses jugements, recevrait du dehors sa direction, car alors le sujet devrait attribuer la détermination de sa faculté de juger non pas à sa raison, mais à une inclination. Sa

---

* La méthode que je suis, et que je crois suffisante pour le but que je me propose, consiste à admettre la liberté comme une simple *idée* que tous les êtres raisonnables prennent comme principe de leur conduite ; je l'ai adoptée pour ne pas être obligé de démontrer la liberté au point de vue théorique. Car, quand même cette dernière démonstration ne pourrait être faite, les lois qui obligeraient un être vraiment libre n'en seraient pas moins valables pour un être qui ne pourrait agir que d'*après* l'idée de sa propre liberté. Nous pouvons donc ici nous débarrasser du fardeau qui pèse sur la théorie (N. de K.).

---

1. Kant veut dire ceci : Un être raisonnable ne peut agir en tant qu'être raisonnable qu'à la condition de se supposer libre (dans le sens du mot liberté indiqué plus haut). Si, en effet, il obéit à une causalité autre que celle de sa raison, il n'agit plus en tant qu'être raisonnable. Quant à la méthode que Kant se propose ici de suivre, il l'explique suffisamment dans la note qu'il a ajoutée au texte. Cette méthode est toujours la même que celle qui a été suivie dans la deuxième section : *Si* l'être peut agir comme personne raisonnable il doit supposer qu'il est libre. Mais reste à savoir si cette liberté est réelle. Kant montrera que la distinction du phénomène et du noumène la rend possible, on pourrait même dire probable.

raison doit donc se considérer elle-même comme étant l'auteur de ses propres principes, indépendamment de toute influence étrangère ; en conséquence elle doit, comme raison pratique ou comme volonté d'un être raisonnable, se regarder elle-même comme libre ; autrement dit la volonté d'un tel être ne peut être conçue comme lui appartenant réellement que par cette idée de liberté ; il faut donc, au point de vue pratique, attribuer une telle volonté à tous les êtres raisonnables.

DE L'INTÉRÊT
qui s'attache aux idées de la moralité.

Nous avons, en dernière analyse, ramené à l'idée de la liberté le concept déterminé de la moralité ; mais nous n'avons pas pu établir que cette liberté fût, même en nous et dans la nature humaine, quelque chose de réel. Nous avons vu seulement que nous devions la supposer, si nous voulions nous faire l'idée d'un être raisonnable, ayant conscience de sa causalité à l'égard de ses actions, c'est-à-dire doué de volonté et nous trouvons ainsi que nous devons, par la même raison, accorder à tout être doué de raison et de volonté cette faculté de se déterminer à agir sous l'idée même de sa liberté.

De la supposition de cette idée dérivait la conscience d'une loi de l'action, loi qui nous prescrivait de prendre pour règles subjectives de notre conduite, c'est-à-dire pour maximes, des principes susceptibles de revêtir une valeur objective, c'est-à-dire universelle et de servir à former une législation universelle qui nous fût propre. Mais pourquoi donc dois-je me soumettre à ce principe, et cela comme être raisonnable en général, et pourquoi tous les êtres doués de raison doivent-ils s'y soumettre également? J'avoue qu'aucun intérêt[1] ne m'y *pousse*, car l'intérêt ne saurait donner un impératif catégorique; et pourtant il faut nécessairement que j'y *prenne* un certain intérêt et que je comprenne comment cela se peut faire ; en effet ce devoir est à proprement parler un vouloir qui serait celui de tout être raisonnable, dont la raison pourrait devenir pratique sans rencontrer d'obstacles. Mais pour des êtres comme nous qu'affectent des mobiles d'un autre genre, comme ceux de la sensibilité, et qui ne font pas toujours ce que ferait la raison livrée à elle-même, cette nécessité de l'action s'appelle seulement devoir et la nécessité subjective se distingue de la nécessité objective.

Il semble donc qu'en supposant la liberté, nous n'ayons fait que supposer la loi morale, c'est-à-dire le principe de l'autonomie de la volonté, et que nous n'ayons pu démontrer la réalité et la nécessité objectives de ce principe en lui-même. Nous aurions, il est vrai, obtenu un avantage très appréciable en déterminant au moins, d'une façon plus exacte qu'on ne l'avait fait jusqu'ici, le vrai principe de moralité; mais, en ce qui concerne sa valeur et la nécessité pratique de s'y soumettre, nous ne serions pas plus avancés; car nous n'aurions aucune réponse satisfaisante à faire à celui qui nous demanderait pourquoi donc il faut que l'universalité de notre maxime, conçue comme loi, devienne la condition restrictive de nos actions ; sur quoi nous fondons la valeur que nous attribuons à cette manière d'agir, valeur si grande qu'il ne peut y avoir nulle part d'intérêt plus grand[2]; et comment il se fait que l'homme ne croie avoir que de cette manière le sentiment de sa valeur personnelle, valeur devant

---

1. L'intérêt est un mobile sensible (voir la note de Kant à la page 116).
2. L'intérêt, dont parle Kant, c'est donc la valeur que nous attribuons à une conduite dominée par l'impératif catégorique.

laquelle celle d'un état agréable ou pénible semble devoir être comptée par rien.

Nous trouvons, il est vrai, que nous pouvons attacher de l'intérêt à une qualité personnelle, dont l'intérêt de notre situation ne dépend pas, mais qui nous rendrait seulement dignes de participer au bonheur, si la raison en était la dispensatrice; autrement dit le seul fait d'être digne d'être heureux peut nous intéresser par lui-même, indépendamment du mobile de l'espérance de participer à ce bonheur. Mais ce jugement est, en réalité, la conséquence de l'importance que nous sommes déjà supposés attacher aux lois morales (en nous détachant, par l'idée de liberté, de tout intérêt empirique); mais il est impossible de comprendre ainsi que nous devions nous détacher de cet intérêt, c'est-à-dire que nous devions nous considérer comme libres dans nos actions, tout en nous regardant comme soumis a certaines lois, de manière à trouver dans notre propre personne une valeur capable de compenser la perte de tout ce qui peut donner du prix à notre vie, et nous ne pouvons pas voir de cette manière comment tout cela est possible et *d'où vient*, par conséquent, *que la loi morale oblige*[1].

Ici apparaît, il faut bien l'avouer franchement, une sorte de cercle dont il ne semble pas facile de sortir[2]. Nous nous supposons libres dans l'ordre des causes efficientes afin de nous considérer comme soumis à des lois morales dans l'ordre des fins et ensuite nous nous regardons comme soumis à ces lois parce que nous nous sommes attribué la liberté de la volonté; car la liberté et la législation propre de la volonté sont toutes

---

1. L'intérêt suprême, c'est la valeur que nous attribuons à l'autonomie et à la liberté. C'est cette valeur absolue qu'il faudrait démontrer, car c'est parce que nous y croyons, que le fait d'être digne d'être heureux peut nous intéresser, indépendamment de l'espérance d'être réellement heureux.

2. Ce cercle consiste à démontrer la moralité par la liberté, et la liberté par la moralité.

deux de l'autonomie, ce sont par suite deux concepts que l'on peut substituer l'un à l'autre, mais, justement pour cette raison, on ne peut se servir de l'un pour expliquer l'autre et en rendre raison. Tout ce que l'on peut faire c'est de ramener à un seul concept deux représentations du même objet qui semblent différentes au point de vue logique (comme on réduit plusieurs fractions de même valeur à leur plus simple expression).

Mais un moyen nous reste[1], c'est de chercher si, lorsque nous nous considérons, grâce à la liberté, comme des causes efficientes agissant *a priori*, nous ne nous plaçons pas à un autre point de vue qu'en nous représentant notre propre personne d'après ses actions envisagées comme des effets que nous avons sous les yeux.

Il y a une remarque que l'on peut faire, sans se livrer à des méditations bien subtiles, et que l'on peut supposer à la portée de la pensée la plus vulgaire, quoiqu'elle la fasse à sa manière, par une distinction confuse de la faculté de juger qu'elle appelle sentiment, c'est que toutes les représentations qui se produisent en nous indépendamment de notre volonté (comme celles des sens) nous font seulement connaître les objets tels qu'ils nous affectent et nous laissent ignorer ce qu'ils peuvent être en eux-mêmes, et que, par conséquent, les représentations de cette espèce, en dépit des plus grands efforts d'attention, en dépit de la clarté que peut y ajouter l'entendement[2], nous conduisent seulement à la connaissance des *phénomènes*, mais

---

1. Kant aborde ici l'idée essentielle de cette troisième section. Le véritable fondement des idées que nous avons tous de notre liberté et de notre autonomie, et aussi de la valeur absolue de cette autonomie et de cette liberté, doit être cherché dans le *moi* nouménal. Si la personne phénoménale était tout notre être, ces idées seraient des illusions : mais si, derrière notre personne empirique, se cache une personne intelligible, elles pourront avoir un objet réel.

2. En leur appliquant les catégories.

jamais à celle des *choses en elles-mêmes*. Une fois cette distinction faite (et il suffit pour la faire de remarquer la différence qu'il y a entre les représentations que nous recevons du dehors et dans lesquelles nous sommes passifs, et celles que nous produisons uniquement par nous-mêmes et dans lesquelles nous manifestons notre activité[1]), il en résulte naturellement que l'on doit nous accorder et admettre, derrière les phénomènes, quelque chose qui n'est pas phénomène, c'est-à-dire des choses en soi, tout en avouant que, vu l'impossibilité de les connaître autrement que par la manière dont elles nous affectent, nous ne pouvons assez nous rapprocher d'elles pour savoir ce qu'elles sont en elles-mêmes. C'est ainsi que nous sommes conduits à distinguer, encore assez grossièrement il est vrai, le *monde sensible* du *monde intelligible*[2], le premier pouvant être très différent chez différents spectateurs, à cause de la diversité des sensibilités[3], tandis que le second, qui est le fondement du premier[4], reste toujours le même. Mais il y a plus, l'homme ne peut pas se flatter d'arriver à savoir ce qu'il est en lui-même, par la connaissance que le sens intime peut lui donner de sa propre personne. Car comme il ne se crée pas, pour ainsi dire, lui-même et qu'il ne forme pas *a priori* mais tire de l'expérience l'idée qu'il a de sa personne, naturellement il ne se connaît que par le sens intime, c'est-à-dire seulement par l'apparence phénoménale de

---

1. Ce passage s'explique, par ce que Kant dit un peu plus loin : en même temps que des êtres sensibles nous sommes de pures activités, et, en tant que pures activités nous nous rattachons au monde intelligible. Le rôle de la pure activité est de mettre de l'ordre dans les phénomènes et de les ramener à l'unité. Cette unité est ce que nous produisons par nous-mêmes.

2. *Verstandeswelt.*

3. Ce qui peut différer suivant les personnes, d'après la *Critique de la Raison pure*, c'est peut-être la qualité des phénomènes, mais non leur ordre (par exemple, l'ordre causal), en tant qu'il résulte des catégories.

4. Le monde sensible n'est que le monde intelligible, réfracté pour ainsi dire dans l'espace et le temps.

sa nature et par la manière dont sa conscience est affectée. Mais il faut bien qu'au delà de cette collection de phénomènes, qui compose son propre sujet, il admette quelque autre chose qui serve de fondement à ces phénomènes, c'est-à-dire son moi, quelle qu'en puisse être la nature intime; en conséquence il faut bien qu'eu égard à la simple sensation et à la réceptivité des sens il se considère comme appartenant au *monde sensible*, mais qu'en revanche eu égard à ce qui est en lui pure activité (ce qui parvient à la conscience d'une manière immédiate et non par l'action des sens), il se rattache à un *monde intelligible*[1], dont il ne sait d'ailleurs rien de plus.

L'homme qui réfléchit portera un jugement semblable sur toutes les choses qui peuvent tomber sous ses yeux[2]; on peut même admettre que la raison la plus vulgaire n'est pas incapable de ce jugement, car on sait qu'elle est très portée à supposer, derrière les objets sensibles, quelque réalité invisible, active par elle-même. Il est vrai qu'elle gâte cette idée en donnant une forme sensible à cette chose invisible, en voulant en faire un objet d'intuition, aussi n'en est-elle pas plus avancée.

Or l'homme trouve réellement en lui-même une faculté par laquelle il se distingue de tous les autres êtres et même de lui-même en tant qu'il est affecté par les objets, cette faculté c'est la *Raison*[3]. La raison considérée comme activité spontanée s'élève au-dessus même de l'*Entendement*[4]; en effet, bien que celui-ci soit aussi une activité spontanée et qu'il ne contienne pas seulement, comme la sensibilité, des représentations qui n'apparaissent que si l'on est affecté par les choses (c'est-à-dire si l'on est passif), il ne peut pourtant pro-

1. *Intellektuellen-welt*.
2. C'est-à-dire sur les corps. Une fois convaincu que ces corps, tels qu'ils nous apparaissent, ne sont que des phénomènes, je suis nécessairement amené à croire que ces phénomènes cachent quelque chose de réel.
3. *Vernunft*.
4. *Verstand*.

duire par son activité d'autres concepts que ceux qui servent seulement à *ramener à des règles les représentations sensibles* et à les relier ainsi dans l'unité d'une conscience et, sans l'aide des sens, il ne penserait absolument rien. Au contraire, la raison, en produisant ce que l'on appelle des idées, manifeste une spontanéité si pure que nous pouvons nous élever, avec son aide, bien au-dessus de ce que les sens peuvent nous donner. Sa fonction la plus haute consiste à distinguer l'un de l'autre le monde sensible et le monde intelligible, et à tracer ainsi des limites à l'entendement lui-même[1].

C'est pourquoi un être raisonnable doit se considérer, *en tant qu'Intelligence* (en détournant ses yeux de ses facultés inférieures), comme appartenant non pas au monde sensible mais au monde intelligible; il peut donc se placer à deux points de vue différents pour se considérer lui-même et reconnaître les lois qui président à l'usage de ses facultés et, par suite, à toute sa conduite; *d'un côté*, en tant qu'il appartient au monde sensible, il obéit aux lois de la nature (hétéronomie), *de l'autre*, en tant qu'il appartient au monde intelligible, il obéit à des lois indépendantes de la nature, lois qui ne sont pas fondées sur l'expérience, mais uniquement sur la raison.

Comme être raisonnable et, par suite, appartenant au monde intelligible, l'homme ne peut concevoir la causalité de sa propre volonté que sous l'idée de liberté[2];

---

1. La fonction essentielle de l'entendement (*Verstand*) est d'imposer aux phénomènes des règles (catégories). Celle de la raison (*Vernunft*) est de concevoir des idées dépassant les phénomènes et destinées à ramener ces phénomènes à une unité suprême. Ainsi, je ramène à l'idée d'un *moi* simple et incorruptible l'ensemble des phénomènes psychologiques. L'idée de Dieu parfait unifie l'ensemble des phénomènes du monde. Kant a montré dans la *Critique de la Raison pure*, non pas que ces idées ne correspondaient à aucun objet, mais qu'on ne pouvait, ni atteindre cet objet par une intuition, ni en démontrer la réalité par le raisonnement (voir l'Introduction).

2. Voilà la démonstration, et la seule qui soit possible, de la liberté

car l'indépendance à l'égard des causes déterminantes du monde sensible (indépendance que la raison doit toujours s'attribuer) est la liberté. Or, à l'idée de liberté se rattache d'une manière indissoluble l'idée d'*autonomie* et à cette dernière idée le principe général de la moralité, lequel est, au moins d'une manière idéale, le principe des actions de tous les êtres *raisonnables*, au même titre que les lois de la nature servent de principes à tous les phénomènes.

Ainsi disparait le cercle vicieux[1] que nous soupçonnions tout à l'heure de se dissimuler dans le raisonnement par lequel nous passions de la liberté à l'autonomie et de l'autonomie à la loi morale. On pouvait nous accuser, en effet, de n'avoir proposé l'idée de la liberté qu'en vue de la loi morale, afin de conclure ensuite de la liberté à la loi, et de ne pouvoir, par suite, donner aucune raison de cette dernière loi. On pouvait dire que nous avions posé la liberté en principe comme une sorte de postulat que les âmes bien pensantes nous accorderaient volontiers, mais que nous ne pourrions jamais élever au rang de proposition démontrable. Mais nous voyons maintenant que, lorsque nous nous concevons comme libres, nous nous transformons en citoyens d'un monde intelligible où nous découvrons l'autonomie avec sa conséquence la moralité; tandis que, lorsque nous nous regardons comme obligés par le devoir, nous nous considérons comme appartenant à la fois au monde sensible et au monde intelligible.

---

et en même temps, car ces idées sont logiquement inséparables, de l'autonomie et de l'impératif moral.

1. Le cercle a disparu parce que la liberté n'est plus démontrée par l'autonomie, ni l'autonomie par la liberté. L'autonomie et la liberté se déduisent toutes les deux de l'idée de notre nature intelligible.

Comment un impératif catégorique est-il possible?

L'être raisonnable se rattache, comme intelligence, au monde intelligible et, s'il appelle sa causalité *volonté*, c'est seulement parce qu'il la considère comme une cause efficiente appartenant à ce monde. D'un autre côté il a aussi conscience de lui-même comme d'une partie du monde sensible ; et, dans ce monde, il saisit ses propres actions comme les simples phénomènes de cette causalité transcendante ; mais il ne peut comprendre comment des actions émanant de ce principe inconnaissable sont possibles ; il lui faut donc considérer ses actions, en tant qu'elles appartiennent au monde sensible, comme déterminées par d'autres phénomènes, par exemple par des désirs ou des inclinations[1]. Si j'étais membre seulement du monde intelligible, toutes mes actions seraient donc parfaitement conformes au principe de l'autonomie de la pure volonté ; mais, en tant que je suis simplement une partie du monde sensible, elles doivent être considérées comme entièrement conformes à la loi naturelle des désirs et des inclinations, c'est-à-dire à l'hétéronomie de la nature. (Dans le premier cas elles reposeraient sur le principe suprême de la moralité, dans le second sur le principe du bonheur.) Mais, *comme le monde intelligible contient le principe du monde sensible et par suite le principe des lois de ce monde*[2], comme il donne

---

1. Sur cette grave question de la conciliation de la liberté intelligible avec le déterminisme sensible, consulter : 1° la *Critique de la Raison pure, Dialectique transcendentale, Explication de l'idée cosmologique d'une liberté en union avec la nécessité naturelle* ; 2° la *Critique de la Raison pratique.* Part. I, liv. I, ch. III. *Examen critique de l'analytique de la Raison pure pratique.* Barni, 273 à 302, et en particulier les pages 289 et 290, Picavet p. 162-193 = 179-180 ; 3° les *Prolégomènes.* Partie III, § 53. Nous avons résumé dans l'Introduction la théorie de Kant à ce sujet.

2. Le système des phénomènes avec leurs lois a son fondement,

immédiatement des lois à ma volonté (qui appartient tout entière au monde intelligible) et qu'il doit être conçu de cette manière, alors bien que d'un côté j'appartienne au monde sensible, de l'autre, en tant que je suis une intelligence, je me considérerai comme soumis aux lois du monde intelligible, c'est-à-dire de la raison qui exprime par l'idée de liberté la loi de ce monde, et ainsi à l'autonomie de la volonté. C'est pourquoi les lois du monde intelligible pourront devenir pour moi des impératifs et les actions conformes à ce principe des devoirs.

Ainsi, ce qui rend possibles des impératifs catégoriques, c'est l'idée de liberté qui fait de moi un membre d'un monde intelligible; et, si je n'étais pas autre chose, toutes mes actions *seraient* toujours conformes à l'autonomie de la volonté. Mais, comme je vois en même temps en moi un citoyen du monde sensible, elles *doivent* seulement y être conformes. Ce devoir *catégorique* nous représente une proposition synthétique *a priori*, en ce sens, qu'à ma volonté affectée par des désirs sensibles s'ajoute l'idée de cette même volonté comme appartenant au monde intelligible, c'est-à-dire pure et pratique par elle-même et contenant la condition rationnelle suprême de la volonté sensible; à peu près comme aux intuitions du monde sensible s'ajoutent des concepts de l'entendement qui n'expriment par eux-mêmes que la forme d'une loi en général et qui rendent possibles les propositions synthétiques *a priori*, sur lesquelles repose toute connaissance de la nature[1].

---

incompréhensible, il est vrai, pour nous, dans le monde intelligible. Il s'ensuit que le même phénomène, par exemple un mensonge, peut avoir à la fois une cause empirique, mon caractère, et une cause intelligible, le libre choix que le noumène a fait de ce caractère.

1. Par exemple, le concept de causalité, s'ajoutant à l'intuition sensible de deux phénomènes successifs, me permet d'établir une synthèse nécessaire entre ces deux

L'usage pratique que le commun des hommes fait de la raison confirme la justesse de cette déduction. Il n'est personne, pas même le pire scélérat, pourvu qu'il soit habitué à faire usage de sa raison qui, si on lui propose des exemples de loyauté dans les intentions, de persévérance dans l'obéissance aux bonnes maximes, de sympathie et de bienveillance pour tous (allant jusqu'à de grands sacrifices d'avantages et de bien-être), ne souhaite d'avoir de pareils sentiments. Il ne peut pas, à cause de ses inclinations et de ses passions, réaliser ce souhait, mais il désire pourtant être affranchi de tendances qui sont un fardeau pour lui. Il montre par là que, par une volonté affranchie des impulsions de la sensibilité, il se transporte en idée dans un ordre de choses bien différent du domaine où s'agitent ses propres désirs sensibles. En effet, en formant un pareil souhait, il n'espère aucune satisfaction de ses désirs, ni un état où seraient contentées toutes ses inclinations réelles, en y ajoutant celles qu'il pourrait imaginer (car alors l'idée qui lui arrache ce souhait perdrait toute sa valeur) non, il ne pense qu'à la valeur intrinsèque plus grande que pourrait prendre sa personne. Il croit être cette personne meilleure dès qu'il se place au point de vue d'un membre du monde intelligible et c'est à quoi le contraint malgré lui l'idée de liberté, c'est-à-dire l'idée de l'indépendance à l'égard des causes *déterminantes* du monde sensible[1]. Et, en se plaçant à ce point de vue, il prend conscience d'une bonne volonté, qui, de son propre aveu, dicte à la mauvaise volonté, qu'il manifeste comme membre du monde sensible, une loi dont il reconnaît la dignité tout en

phénomènes et d'affirmer que l'un est la cause de l'autre. De même l'idée de la volonté intelligible (volonté nouménale) ajoutée à l'idée de volonté empirique (volonté phénoménale), donne aux actes sensibles le caractère de devoirs universels et permet de dire : Ceci est un devoir.

1. Kant invoque ici, une fois de plus, le témoignage du bon sens populaire.

la transgressant. Le devoir moral est donc la volonté propre nécessaire d'un membre du monde intelligible, mais il ne lui apparaît comme devoir qu'en tant qu'il se considère comme étant en même temps membre du monde sensible.

DE LA DERNIÈRE LIMITE[1]
de toute philosophie pratique.

Tous les hommes conçoivent leur volonté comme libre. De là viennent tous les jugements par lesquels ils déclarent que telle action aurait *dû être accomplie*, bien qu'elle n'ait *pas été accomplie*. Pourtant cette liberté n'est pas un concept empirique, et elle ne peut pas l'être, car c'est une idée qui persiste toujours, bien que l'expérience nous montre le contraire des conséquences que devrait entraîner nécessairement l'hypothèse de la liberté. D'un autre côté il est aussi nécessaire que tout ce qui arrive soit inévitablement déterminé par les lois de la nature et cette nécessité naturelle, elle non plus, n'est pas un concept empirique, précisément à cause de l'idée de nécessité qui y est impliquée et qui suppose une connaissance *a priori*. Mais ce concept d'une Nature[2] est confirmé par l'expérience; on ne peut même éviter de le supposer si l'on veut que l'expérience soit possible, j'entends par là une connaissance systématique des objets des sens reliés entre eux par des lois universelles. La liberté

1. Il s'agit de la limite que la raison ne peut dépasser dans l'explication de certains principes de la moralité. Il est impossible suivant Kant d'expliquer comment la raison pure peut être pratique, comme la liberté intelligible peut devenir une cause de nos actions et comment une loi de la raison pure peut nous intéresser.

2. Nature c. a. d. enchainement nécessaire des phénomènes suivant des règles.

n'est donc qu'une *idée* de la raison, dont la réalité objective en elle-même est douteuse, tandis que la nature est un *concept de l'entendement* dont la réalité se démontre et doit se démontrer nécessairement par des exemples empiriques.

Il y a là pour la raison matière à dialectique[1], car la liberté qui est attribuée à la volonté semble être en contradiction avec la nécessité de la nature. Toutefois, bien qu'au *point de vue spéculatif* la raison, placée pour ainsi dire entre deux chemins, trouve celui de la nécessité naturelle mieux tracé et plus praticable que celui de la liberté, pourtant, *au point de vue pratique*, la voie étroite de la liberté est la seule où nous puissions faire usage de notre raison pour agir ou ne pas agir. C'est pourquoi il est aussi impossible à la philosophie la plus subtile qu'à la raison la plus vulgaire d'écarter la liberté par des sophismes. Il faut donc supposer qu'il n'y a pas de contradiction véritable entre la liberté et la nécessité naturelle; car on ne peut pas plus renoncer au concept de la nature qu'à celui de la liberté.

En attendant il faut tout au moins dissiper cette contradiction apparente d'une manière convaincante, quand même on n'arriverait jamais à comprendre comment la liberté est possible. Car, si l'idée de liberté était en contradiction avec elle-même ou avec l'idée de la nature, qui est tout aussi nécessaire, il faudrait l'abandonner résolument en faveur de la nécessité naturelle.

Or il est impossible d'échapper à cette contradiction

---

1. La dialectique résout des antonomies, c'est-à-dire des contradictions. Or, Kant se trouve ici en présence de deux concepts contradictoires qui s'imposent tous les deux à nous avec une égale nécessité. Pour résoudre cette contradiction, Kant rapporte ces deux concepts à deux mondes différents, le concept de causalité appartenant au monde des phénomènes et le concept de liberté appartenant au monde des noumènes.

si le sujet qui se croit libre, se conçoit lui-même, quand il se déclare libre, *dans le même sens et sous le même rapport* que lorsqu'à l'égard de la même action, il se considère comme soumis à la loi de la nature. C'est donc un devoir, que la philosophie spéculative ne peut négliger, de montrer au moins que le principe de l'illusion qui nous fait voir là une contradiction, c'est que nous concevons l'homme d'une tout autre manière et à un tout autre point de vue, quand nous le déclarons libre que lorsque nous le regardons comme formant une partie de la nature et obéissant à ses lois. Il faut établir que non seulement les deux choses *peuvent* aller ensemble, mais encore qu'elles doivent être conçues comme *nécessairement unies* dans le même sujet, parce qu'autrement on ne verrait pas pourquoi nous imposerions à la raison le fardeau d'une idée qui, bien que *ne contredisant pas* une autre idée suffisamment établie, nous embarrasse dans des difficultés qui gênent singulièrement la raison dans son usage théorique. Mais ce devoir incombe seulement à la philosophie spéculative, parce que c'est elle qui doit ouvrir la voie à la philosophie pratique[1]. Par conséquent on ne peut pas laisser le philosophe décider arbitrairement s'il lèvera cette contradiction apparente ou s'il négligera de s'en occuper. Car dans ce dernier cas la théorie laisserait ici un *bonum vacans* où le fataliste pourrait s'installer de plein droit, en chassant la morale de son domaine prétendu, pour lequel elle ne pourrait montrer aucun titre de propriété.

Cependant on ne peut pas encore dire qu'ici se trouve la limite de la philosophie pratique[2]. Car il ne lui

1. Nous avons dit, dans l'Introduction, que dans la pensée de Kant la *Critique de la Raison pure* devait aplanir les difficultés morales et théologiques considérées jusqu'à lui comme insolubles, par exemple l'antinomie de la causalité et de la liberté ou celle de la science et de la foi.

2. Parce que c'est une question

appartient pas d'arranger ce différend; elle demande seulement à la raison spéculative de faire cesser le désaccord où elle se voit engagée en matière théorique, afin que la raison pratique puisse vivre en repos et à l'abri des attaques du dehors, qui pourraient lui disputer le terrain sur lequel elle veut bâtir.

Or le droit que la raison vulgaire elle-même prétend avoir à la liberté du vouloir se fonde sur la conscience et sur la supposition reconnue légitime de l'indépendance de la raison à l'égard des causes subjectives de détermination, lesquelles, réunies ensemble, constituent ce qui appartient à la pure sensation, à ce que l'on désigne par le terme général de sensibilité. L'homme qui se considère ainsi comme une intelligence, se place par là même dans un tout autre ordre de choses, et, lorsqu'il se conçoit comme une intelligence unie à une volonté et, par là même, douée de causalité, il entre en rapport avec des principes de détermination d'une tout autre nature que lorsqu'il se saisit comme phénomène du monde sensible (ce qu'il est aussi réellement), et qu'il subordonne sa causalité à la détermination extérieure des lois naturelles. Or il s'aperçoit bientôt que les deux choses peuvent et même doivent être vraies en même temps. En effet, qu'une *chose en tant que phénomène* (appartenant au monde sensible) soit soumise à certaines lois dont elle est indépendante en tant que *chose* ou être *en soi*, c'est ce qui n'implique pas la moindre contradiction; que l'homme maintenant doive se représenter et concevoir sa propre personne à ce double point de vue, c'est ce qui résulte, d'un côté de la conscience qu'il a de lui-même comme d'un objet affecté par les sens et, de l'autre, de la conscience qu'il a de lui-même comme d'une intelli-

spéculative, tandis que la question de savoir comment une loi de la liberté peut influer sur notre vo- lonté et par cela même nous in- spirer de l'intérêt est une question pratique.

gence, c'est-à-dire comme d'un être indépendant, dans l'usage de sa raison, des impressions sensibles (par conséquent appartenant au monde intelligible).

De là vient que l'homme s'attribue une volonté qui ne laisse mettre à son compte aucune des choses qui appartiennent à ses désirs et à ses tendances et qui, au contraire, conçoit la possibilité et même la nécessité d'accomplir des actions qui supposent le renoncement à tous les désirs et à toutes les sollicitations des sens. La causalité par laquelle il agit ainsi réside en lui-même en tant qu'il est une intelligence; elle suppose des lois de l'action et de la conduite conformes aux principes d'un monde intelligible. De ce monde il ne sait rien, sinon que c'est la seule raison, la raison pure, indépendante de la sensibilité, qui y est législatrice; qu'il y appartient vraiment lui-même comme pure intelligence (comme homme au contraire il n'est que le phénomène de lui-même) et que, par suite, les lois de la raison s'imposent à lui immédiatement et catégoriquement, de telle sorte que les inclinations et les penchants (et par conséquent toute la nature du monde sensible), avec toutes leurs sollicitations, ne peuvent porter aucune atteinte à l'autorité de sa volonté, si on la considère comme intelligence. Bien plus, il n'accepte pas la responsabilité de ces inclinations, il ne les impute pas à son véritable moi, c'est-à-dire à sa volonté; ce qu'il s'impute c'est l'indulgence qu'il pourrait avoir pour elles, s'il leur laissait prendre de l'influence sur ses maximes, aux dépens des lois rationnelles de la volonté.

La raison pratique, en se *concevant* ainsi comme appartenant à un monde intelligible, ne dépasse pas ses limites, comme elle le ferait si elle voulait s'y *apercevoir* et s'y *sentir*. C'est là une conception toute négative à l'égard du monde sensible, considéré comme ne donnant à la raison aucune loi capable de déterminer la volonté. Elle n'est positive qu'en un seul point, c'est que cette liberté, comme détermination négative, est unie à un pouvoir (positif) et même à cette causalité de la raison, que nous appelons une volonté et qui est la faculté d'agir de telle sorte que le principe de nos actions soit conforme au caractère essentiel d'une cause rationnelle, c'est-à-dire à la condition de la valeur universelle de la maxime considérée comme loi. Mais, si la raison voulait chercher dans le monde intelligible un *objet de la volonté*, c'est-à-dire un motif, elle sortirait de son domaine et s'attribuerait le pouvoir de connaître ce dont elle ne sait rien. Le concept d'un monde intelligible est donc une *position* que la raison se voit obligée de prendre en dehors des phénomènes, afin de pouvoir *se considérer comme pratique*, ce qui ne serait pas possible si l'influence de la sensibilité sur l'homme était déterminante, mais ce qui est nécessaire si on ne veut pas lui refuser la conscience de lui-même, comme intelligence, par conséquent comme cause raisonnable déterminée par la raison, c'est-à-dire agissant librement. Cette pensée implique à la vérité l'idée d'un ordre de choses et d'une législation tout autres que ceux du mécanisme physique, qui caractérise le monde sensible, elle nous oblige à concevoir un monde intelligible (c'est-à-dire un ensemble des êtres raisonnables considérés comme choses en soi) mais sans que nous puissions prétendre en comprendre autre chose que la condition *formelle* qu'il nous impose, je veux dire l'universalité de la maxime de la volonté, conçue comme loi, et par suite l'autonomie de la volonté, qui seule peut se concilier avec sa liberté; tandis qu'au contraire toutes les lois qui se rapportent à un objet ne donnent qu'une hétéronomie, que l'on rencontre seulement dans les lois de la nature et qui n'a rapport qu'au monde sensible.

Mais la raison dépasserait toutes ses limites, si elle

se risquait à essayer *d'expliquer* comment la raison pure peut être pratique, tâche qui équivaudrait à celle de nous faire comprendre *comment la liberté est possible*.

En effet nous ne pouvons expliquer que ce que nous pouvons ramener à des lois dont l'objet peut être donné dans quelque expérience possible. Or la liberté n'est qu'une idée dont la réalité objective ne peut être établie en aucune manière au moyen de lois naturelles, ni par conséquent dans une expérience possible quelconque, et qui, vu l'impossibilité d'en fournir un exemple, même au moyen de quelque analogie, ne peut jamais être comprise, ni même conçue. Elle n'a d'autre valeur que celle d'une hypothèse que la raison ne peut éviter de faire au sujet d'un être qui croit avoir conscience de posséder une volonté, c'est-à-dire un pouvoir différent de la simple faculté de désirer (je veux dire un pouvoir de se déterminer à agir en tant qu'intelligence et indépendamment des instincts de la nature). Mais, là où cesse la détermination par des lois de la nature, cesse aussi toute *explication* et il ne reste plus qu'à prendre une attitude *défensive*[1], c'est-à-dire à repousser les objections de ceux qui prétendent avoir pénétré plus profondément dans la nature des choses et qui déclarent hardiment la liberté impossible. Tout ce que l'on peut faire, c'est de leur montrer en quoi consiste exactement la contradiction qu'ils prétendent avoir découverte : pour appliquer la loi de la nature aux actions humaines, ils doivent nécessairement considérer l'homme comme un phénomène, puis, lorsqu'on les prie d'avoir à le considérer en tant qu'intelligence,

1. Kant explique dans la *Méthodologie* de la *Critique de la Raison pure*, qu'il entend par usage polémique de la Raison pure la défense de ses propositions contre les négations dogmatiques. Ainsi, on peut se défendre contre le matérialisme, au moyen des antinomies, sans démontrer pour cela le spiritualisme.

comme une chose en soi, ils persistent à le concevoir encore et toujours comme phénomène; or il est sans doute contradictoire d'affranchir dans un seul et même sujet la causalité humaine (la volonté) de toutes les lois naturelles du monde sensible; mais cette contradiction disparaîtrait s'ils voulaient réfléchir et reconnaître, comme il est juste, que, derrière les phénomènes, il doit y avoir des choses en soi (bien que cachées) leur servant de fondement, et que l'on ne peut pas demander que les lois suivant lesquelles agissent ces réalités soient les mêmes que celles auxquelles obéissent leurs manifestations phénoménales.

L'impossibilité subjective d'*expliquer* la liberté de la volonté se confond avec l'impossibilité de découvrir et de concevoir *l'intérêt** que l'homme peut prendre à des lois morales; et pourtant il y prend réellement un intérêt et la disposition qu'il éprouve à le prendre est ce que nous appelons le sentiment moral, qui a été donné à tort par quelques philosophes pour la norme de notre jugement moral; car ce sentiment doit être considéré bien au contraire comme un effet *subjectif* que la loi produit sur la volonté, effet dont

---

* On peut appeler intérêt ce qui rend la raison pratique et en fait une cause capable de déterminer la volonté. C'est pourquoi l'être raisonnable est le seul dont on puisse dire qu'il prend intérêt à quelque chose. Des créatures sans raison n'éprouvent que des impulsions sensibles. La raison ne prend un intérêt immédiat à une action que lorsque la valeur universelle de la maxime de cette action est pour la volonté un motif suffisant de détermination. Cet intérêt est le seul qui soit pur. Mais quand la raison ne peut déterminer la volonté qu'au moyen de quelque autre objet du désir, ou en supposant un sentiment particulier du sujet, elle ne prend qu'un intérêt médiat à l'action, et, comme elle ne peut découvrir par elle-même, sans l'aide de l'expérience, aucun objet de la volonté, ni aucun sentiment particulier capable de lui servir de fondement, cet intérêt est purement empirique et ne peut passer pour purement rationnel. L'intérêt logique de la raison (qui la porte à accroître ses connaissances) n'est jamais immédiat, il suppose toujours un but en vue duquel nous exerçons cette faculté. (N. de K.).

la raison seule fournit le fondement objectif[1].

Pour que nous puissions vouloir ce que la raison seule prescrit à un être raisonnable affecté par une sensibilité, il faut bien que la raison ait le pouvoir de nous *inspirer* un *sentiment de plaisir* ou de satisfaction quand nous accomplissons notre devoir, il faut, par conséquent qu'elle ait une causalité grâce à laquelle elle puisse déterminer la sensibilité d'une manière conforme à ses principes. Mais il est absolument impossible de comprendre, c'est-à-dire d'expliquer *a priori*, comment une pensée pure, qui ne contient en elle-même rien de sensible, peut déterminer une sensation de plaisir ou de peine; car il y a là une espèce de causalité dont nous ne pouvons rien déterminer *a priori*, non plus que de toute autre causalité, et au sujet de laquelle nous ne pouvons que consulter l'expérience. Mais, comme celle-ci ne peut nous donner aucun rapport de cause à effet qui ne relie deux objets de l'expérience et qu'ici c'est la raison pure qui doit être, au moyen de pures idées (qui ne peuvent fournir aucun objet pour l'expérience), la cause d'un effet qui se manifeste dans l'expérience, il en résulte qu'il nous est absolument impossible à nous autres hommes d'expliquer comment et pourquoi l'*universalité de la maxime considérée comme loi* et par suite la moralité peuvent nous intéresser. Mais une chose est bien certaine c'est qu'elle ne doit pas la valeur qu'elle a pour nous à ce

---

1. Kant se demande, dans la *Critique de la Raison pratique* (*Des mobiles de la Raison pure pratique*), comment une loi non phénoménale peut déterminer une volonté phénoménale. Il montre que la volonté d'un être sensible, dont la raison n'est pas, par sa nature même, conforme à la loi, a besoin d'être stimulée par un sentiment. C'est ce sentiment (sentiment de la valeur) que Kant appelle ici intérêt. Mais, pour que la volonté ne devienne pas hétéronome, il faut que ce mobile, que cet intérêt, ait sa source dans la loi elle-même. Mais comment comprendre qu'une loi crée un mobile, capable d'agir sur une volonté empirique, sans porter atteinte à la causalité naturelle, se demande Kant dans les lignes qui suivent, et à vrai dire il ne répond pas à cette question.

qu'elle nous intéresse (car ce serait une hétéronomie qui mettrait la raison pratique sous la dépendance de la sensibilité, c'est-à-dire d'un sentiment qui lui servirait de fondement et qui l'empêcherait de jamais donner des lois morales), mais qu'elle nous intéresse parce qu'elle a de la valeur pour nous en tant qu'hommes, en ce sens qu'elle procède de la volonté de l'homme considéré comme intelligence et par conséquent de ce qui constitue essentiellement son moi; *tandis que ce qui appartient au pur phénomène est nécessairement subordonné par la raison à la nature de la chose en soi.*

Ainsi la seule réponse que l'on puisse faire à la question : comment un impératif catégorique est-il possible ? c'est d'indiquer la seule supposition qui le rende possible, c'est-à-dire l'idée de la liberté et, en même temps, de bien faire comprendre la nécessité de cette supposition ; or, pour faire un *usage pratique de la raison*, c'est-à-dire pour nous convaincre de la *valeur de cet impératif* et par suite de la loi morale, cela est suffisant ; mais, quant à comprendre comment cette supposition même est possible, c'est ce dont la raison humaine est à jamais incapable. Mais, si l'on suppose la liberté de la volonté d'une intelligence, l'*autonomie* de cette volonté en résulte nécessairement, comme la seule condition formelle sous laquelle elle puisse être déterminée [1]. Or il n'est pas seulement *possible* (comme la philosophie spéculative peut le montrer) de supposer cette liberté de la volonté (sans se mettre en contradiction avec le principe de la nécessité naturelle dans l'enchaînement des phénomènes du monde sensible)

---

[1]. En somme, la moralité n'est possible que si la liberté existe, et, d'autre part, il est non seulement possible mais encore nécessaire, si nous ne sommes pas simplement phénomènes, d'admettre cette liberté. Ce qu'il faut renoncer à comprendre, c'est la manière dont la liberté se manifeste dans le monde des phénomènes et l'action qu'elle exerce sur la volonté empirique.

mais encore il est *nécessaire* sans autre condition, pour un être raisonnable, qui a conscience d'être une causalité déterminée par la raison, par suite une volonté (bien différente des désirs), de l'admettre pratiquement, c'est-à-dire en idée, comme condition de toutes ses actions volontaires. Pour ce qui est maintenant d'expliquer comment la raison pure, sans autres mobiles, quelle qu'en puisse être l'origine, peut être pratique par elle-même, c'est-à-dire comment le seul *principe de la valeur universelle de toutes ses maximes considérées comme lois* (et telle serait bien la forme d'une raison pure pratique), sans aucune matière (objet) de la volonté à laquelle on puisse par avance prendre quelque intérêt, peut fournir, par lui-même, un mobile d'action, et éveiller un intérêt que l'on puisse vraiment appeler moral, ou, en d'autres termes, *comment la raison pure peut être pratique*, c'est une chose que la raison humaine est à jamais incapable de faire et toute la peine, tous les efforts qu'elle pourrait consacrer à la recherche de cette explication seraient perdus.

C'est à peu près, comme si je m'ingéniais à expliquer la possibilité de la liberté elle-même comme cause d'une volonté ; car ici j'abandonne le principe philosophique d'explicatio   et n'en ai point d'autre. Je pourrais, il est vrai, m'aventurer dans le monde intelligible, qui me reste encore comme ressource, dans le monde des intelligences ; mais, bien que j'aie de ce monde une idée, qui a un fondement solide, je n'en ai pas la moindre connaissance, et quels que soient les efforts de la faculté naturelle que j'ai de raisonner, je ne puis parvenir à le connaître[1]. Cette idée signifie seulement un quelque chose qui subsiste après que j'ai exclu des

---

[1]. Nous *connaissons* les phénomènes en leur imposant les *catégo*ries, et nous avons l'*idée* de réalités transcendantes sans les connaître.

principes déterminants de ma volonté tout ce qui appartient au monde sensible, quelque chose qui me permet de restreindre le principe des mobiles tirés du champ de la sensibilité, en délimitant ce champ et en montrant qu'il ne contient pas en lui-même le tout du tout, et qu'il y a encore quelque chose en dehors de lui ; mais ce quelque chose je ne le connais pas autrement. De la raison pure qui conçoit cet idéal, il ne me reste après avoir écarté toute matière, c'est-à-dire tout objet de connaissance, que la forme, c'est-à-dire la loi pratique de la valeur universelle des maximes, conformément à laquelle la raison, reliée au monde intelligible, déploie son activité et devient cause déterminante de la volonté ; ici tout mobile fait défaut ; car il faudrait que cette idée d'un monde intelligible devînt elle-même un mobile, ou fût ce à quoi la raison prend primitivement intérêt ; mais l'explication de cet intérêt est justement le problème que nous ne pouvons résoudre.

C'est ici que se trouve la limite dernière de toute recherche morale ; il était très important de la déterminer afin d'empêcher la raison, d'une part, de chercher dans le monde sensible, au détriment de la moralité, son principe suprême d'action et un intérêt concevable mais empirique, de l'autre, d'agiter ses ailes impuissantes, sans pouvoir avancer, dans cet espace vide pour elle des concepts transcendants, qu'on appelle le monde intelligible, et de se perdre parmi des chimères. Au reste l'idée d'un monde intelligible pur, conçu comme un tout formé de toutes les intelligences et auquel nous appartenons comme êtres raisonnables (sans cesser d'autre part d'être en même temps membres du monde sensible), est une idée dont on peut toujours se servir à bon droit pour établir une croyance morale, quoique toute science s'arrête aux frontières de ce monde ; car, au moyen de l'idée sublime d'un règne universel *des*

fins en soi (des êtres raisonnables), auquel nous pouvons appartenir à la condition de diriger soigneusement notre conduite d'après les maximes de la liberté,
comme si elles étaient des lois de la nature, elle éveille
en nous un vif intérêt pour la morale.

Remarque finale.

L'usage spéculatif de la raison, *en ce qui concerne
la nature*, nous conduit à l'idée de la nécessité absolue
de quelque cause suprême *du monde* ; l'usage pratique de la raison, *par rapport à la liberté*, nous conduit aussi à une nécessité absolue, mais seulement à
celle *des lois des actions* d'un être raisonnable, considéré comme tel. Or c'est un *principe* essentiel de tout
usage de notre raison de pousser, dans la connaissance
qu'elle nous donne, jusqu'à la conscience de la *nécessité* de cette connaissance (car autrement ce ne serait
pas une connaissance de la raison). Mais cette même
raison se trouve limitée d'une manière qui n'est pas
moins essentielle en ceci qu'elle ne peut saisir la nécessité, ni de ce qui est ou arrive, ni de ce qui doit arriver,
à moins de poser comme principe une *condition* sous
laquelle cette chose arrive ou doit arriver[1]. Mais de
cette manière, cherchant toujours des conditions, la

---

1. Voir, dans la *Critique de la
Raison pure*, la discussion des Antinomies, et en particulier de la
quatrième. La raison, pour unifier
les choses, cherche sans cesse l'inconditionnel, par exemple, un premier phénomène du monde qui
n'aurait pas de condition, un atome
indivisible qui serait la dernière
condition de l'existence des corps
composés, une cause libre qui dé-
mrinteerait une série de phénomènes, sans être elle-même déterminée, enfin un Être nécessaire,
condition de tout ce qui existe, et
dont l'existence ne serait soumise
à aucune condition. Mais la raison,
au moins tant qu'elle reste enfermée
dans le monde des phénomènes, ne
peut, ni découvrir, ni comprendre
l'inconditionnel. L'impératif est,
dans l'ordre moral, cet inconditionnel incompréhensible, qu'il faut
pourtant admettre, si nous voulons
mettre quelque unité dans notre vie
morale.

raison voit reculer sans cesse le moment où elle pourra être satisfaite. C'est pourquoi elle cherche sans trêve ni repos le Nécessaire inconditionné et elle se voit forcée de l'admettre sans avoir aucun moyen de le comprendre ; heureuse si elle peut seulement découvrir un concept qui s'accorde avec cette hypothèse. Si donc nous n'avons pas réussi, dans notre déduction du principe suprême de la moralité, à rendre intelligible l'absolue nécessité d'une loi pratique inconditionnelle (tel que doit être l'impératif catégorique) nous ne méritons pour cela aucun blâme et c'est plutôt à la raison humaine en général qu'il faudrait adresser ces reproches. On ne peut en effet trouver mauvais que nous ne voulions pas expliquer ce principe par une condition, c'est-à-dire au moyen de quelque intérêt que nous lui donnerions pour base, car alors ce ne serait plus une loi morale, c'est-à-dire une loi suprême de la liberté. Il est vrai que de cette manière nous ne comprenons pas la nécessité pratique inconditionnelle de l'impératif moral, mais nous comprenons au moins qu'il ne peut être compris, et c'est tout ce que l'on est en droit d'exiger d'une philosophie qui cherche à s'avancer jusqu'aux dernières limites de la raison humaine.

TABLE DES MATIÈRES

Imp. KAPP, Paris.

◙ Classiques Allemands ◙

NOUVELLE COLLECTION A L'USAGE DES ÉLÈVES. FORMAT PETIT IN-16 CARTONNÉ

AUERBACH. *Récits villageois de la Forêt-Noire* (B. Lévy).. 2.50

BENEDIX. *Le procès* (Lange). 3.60

L'Entêtement (Lange)............ 3.60

Scènes choisies du Théâtre de famille (Feuillié)............ 1.50

CHAMISSO. *Pierre Schlemihl* (Koell).................. 2 »

CHOIX DE FABLES ET DE CONTES (Mathis)............ 1.50

CONTES ET MORCEAUX CHOISIS DE SCHMIDT, KRUMMACHER, LIEBESKIND, LICHTWER, HEBEL, HERDER ET CAMPE (Scherdlin)........... 2.50

CONTES POPULAIRES tirés de GRIMM, MUSÆUS, ANDERSEN et des *Feuilles de palmier*, par HERDER et LIEBESKIND (Scherdlin)............... 2.50

DEUTSCHLAND. *Romans et Nouvelles* (André).......... 2.50

GŒTHE, *Iphigénie en Tauride* (Loiseau)............... 2 50

Campagne de France (B. Lévy). 1.50

Faust, 1re part. (Büchner)..... 2 »

Le Tasse (B. Lévy)........... 1.80

Morceaux choisis (B. Lévy).... 3 »

Extraits en prose (Lévy)...... 1.50

GŒTHE ET SCHILLER. *Poésies lyriques* (Lichtenberger)..... 2.50

HAUFF. *Lichtenstein*, I, II (Müller)................. 2.50

HEBEL. *Contes choisis* (Feuillié). 1.50

HEINE. *Extraits* (Sucher)..... 2.50

HOFFMANN. *Le tonnelier de Nuremberg* (Bauer).......... 2 »

KELLER (G.). *Kleider machen Leute* (Schürr)............ 1.25

KLEIST (DE) *Michael Kohlhaas* (Koch)............ 2 »

KLASSICHE UND MODERNE MÄRCHEN (Desfeuilles).. 2 50

KOTZEBUE. *La petite Ville allemande*. (Bailly)...... 1 50

LESSING. *Laocoon* (B. Lévy).. 2 »

Lettres sur la Littérature moderne et les lettres archéologiques (Cottier)............ 2 »

Extraits de la Dramaturgie (Cottier)............... 1.50

Minna de Barnhelm (B. Lévy). 1.50

NIEBUHR. *Temps héroïques de la Grèce* (Koch)........... 1.50

ROSEGGER. *Waldjugend* (Feuillié)............. 1.50

SCHILLER. *Guerre de Trente Ans* (Schmidt et Leclaire)... 2.50

Histoire de la révolte des Pays-Bas (Lange)............ 2.50

Jeanne d'Arc (Bailly)....... 2 50

Fiancée de Messine (Scherdlin). 1.50

Wallenstein (Cottier)........ 2.50

Wilhelm Tell (Weill)........ 1.50

Oncle et Neveu (Briois)...... 1 »

Morc. choisis (B. Lévy)...... 3 »

SCHILLER ET GŒTHE. *Correspondance* (B. Lévy)....... 2 »

Poésies lyriques (Lichtenberger). 2.50

SCHMIDT. *Cent petits Contes* (Scherdlin)............ 1.55

Les Œufs de Pâques (Scherdlin). 1.20

STIFTER. *Bunte Steine* (Schürr). 1.25

WILDENBRUCH. *Neid* (Schürr). 1.50

Das Edle Blut (Bastian)....... 2 »

DICTIONNAIRES

HEINHOLD : *Petit Dictionnaire français-allemand et allemand-français* ; 25e édit. 1 vol. petit in-16, cartonnage toile................. 3 fr. 50

KOCH, professeur honoraire au lycée Saint-Louis : *Lexique français-allemand* ; nouv. édit. revue et corrigée. 1 vol. in-16, cartonnage toile. 4 fr.

— *Lexique allemand-français*, contenant un grand nombre de termes nouveaux et l'indication de la nouvelle orthographe allemande. 1 vol. in-16, cartonnage toile.............. 6 fr.

SUCKAU (De), *Dictionnaire allemand-français et français-allemand*, complètement refondu et remanié sur un nouveau plan par M. Théobald Fix. 2 fort vol. in-8, cartonnage.... 15 fr.

— *Le Dict. allemand-français*, broché. 6 fr. 50. — Cart. toile. 8 fr.

— *Le Dict. français-allemand*, broché. 6 fr. 50. — Cart. toile. 8 fr.

LIBRAIRIE HACHETTE & Cie, PARIS

◙ Classiques Anglais ◙

NOUVELLE COLLECTION A L'USAGE DES ÉLÈVES. FORMAT PETIT IN-16 CART.

AIKIN ET BARBAULD. *Soirées au logis* (Tronchet)............ 1.50

BYRON. *Childe Harold* (E. Chasles)......................... 2 »

CHOIX DE CONTES EN ANGLAIS (Beaujeu) 1.50

COOK. *Extraits des Voyages* (Angellier) .... 2 »

DE FOE (DANIEL). *Robinson Crusoé* (Al. Beljame)........ 1.50

DICKENS. *Un conte de Noël* (Fiévet) 1.50
David Copperfield................ 2.50
Nicolas Nickleby................ 2.50

EDGEWORTH. *Forester* (Al. Beljame).................................. 1.50
Contes choisis (Motheré)....... 2 »
Old Pox (Al. Beljame)... ..... ».40

ELIOT (G.). *Silas Marner* (A. Malfroy) 2.50
Adam Bede....................... 3 »

FRANKLIN. *Autobiographie* (E. Fiévet)..................... 1.50

GOLDSMITH. *Le Vicaire de Wakefield* (A. Beljame) 1.50
Le Voyageur ; le Village abandonné (Motheré) .... ».75
The Stoops to conquer (Petit). 1.50
Essais choisis (Mac Enery).... 1.50

GRAY. *Choix de poésies* (Legouis) 1.50

IRVING (W.). *Vie et Voyages de Christ. Colomb* (E. Chasles).. 2 »
Le livre d'esquisses (Fiévet).... 2 »

MACAULAY. *Morceaux choisis des Essais* (Aug. Beljame) ... 2.50
Morceaux choisis de l'Histoire d'Angleterre (Battier)......... 2.50

MILTON. *Le Paradis perdu, livres I et II* (Aug. Beljame).. ».90

POPE. *Essai sur la Critique* (Motheré)..................... ».75

RUSKIN (J.). *The nature of gothic* (Morel)................. 1.50

SHAKESPEARE. *Jules César* (C. Fleming) 1.25
Hamlet (O'Sullivan) .... 2 »
Henri VIII (Morel) 1.25
Macbeth (Morel) 1.80
Othello (Morel) 1.80
Coriolan (O'Sullivan)......... 2 »

SHÉRIDAN : *The school for Scandal. L'école de la médisance* (Clermont)............ 2 »

SWIFT. *Les Voyages de Gulliver* (E. Fiévet)................ 1.80

TENNYSON. *Enoch Arden* (Al. Beljame) .... 2 »
Quatre poèmes (Vallod)...... ».75

WALTER SCOTT. *Contes d'un Grand-père* (Talandier)...... 1.50
Morceaux choisis (Battier)..... 2 »
Les Puritains d'Ecosse........ 2 »
L'Antiquaire.................. 2 »
Quentin Durward.............. 2 »
Ivanhoe...................... 2 »

DICTIONNAIRES

BATTIER ET LEGRAND, agrégés de l'Université : *Lexique français-anglais* ; nouvelle édit. revue et corrigée. 1 vol. in-16. cart. toile. 4 fr.

NUGENT. *Dictionnaire de poche français-anglais et anglais-français.* Édit. revue par Brown et Martin, avec nombreuses additions par M. Duhamel, prof. au Collège d'Harrow. 1 vol. in-32, cart. 3 fr. 50

BELLOWS (J.) : *Dictionnaire français anglais et anglais-français.* 1 vol. in-8, cart................. 6 fr
Le même, éd. de poche, in-32, rel. 13.50

SPIERS : *Dictionnaire général anglais-français et français-anglais.* 2 vol. in-8, brochés............. 20 fr.
Cartonnés toile.......... 23 fr.
Chaque dictionnaire, br.. 10 fr.
Cartonné toile .... 11 fr. 50

II-1913.

www.ingramcontent.com/pod-product-compliance
Lightning Source LLC
Chambersburg PA
CBHW052358090426
42739CB00011B/2415